老年教育系列教材

老年教育系列教材

孙辈教养100招

孔　燕／主编

中国科学技术大学出版社

内 容 简 介

本书围绕当下祖父母们最为关注又最为困惑的100个问题,一题一招,一招一解。这100个问题聚焦孙辈教养中的五个常见维度:习惯养育、礼仪遵循、学习助力、烦恼化解和偶发应对。对每个问题不仅匹配现实的生活场景,还辅以专家科学、专业的点评。祖父母们可以对题寻招、循招找解,真正理解每个问题产生的根源并找到应对之策。

图书在版编目(CIP)数据

孙辈教养100招/孔燕主编.—合肥:中国科学技术大学出版社,2021.2
(老年教育系列教材)
ISBN 978-7-312-05127-2

Ⅰ.孙… Ⅱ.孔… Ⅲ.学前教育—家庭教育—老年教育—教材 Ⅳ.G781

中国版本图书馆CIP数据核字(2020)第270037号

孙辈教养100招
SUNBEI JIAOYANG 100 ZHAO

出版 中国科学技术大学出版社
安徽省合肥市金寨路96号,230026
http://press.ustc.edu.cn
https://zgkxjsdxcbs.tmall.com
印刷 安徽联众印刷有限公司
发行 中国科学技术大学出版社
经销 全国新华书店
开本 787mm×1092mm 1/16
印张 8.25
字数 130千
版次 2021年2月第1版
印次 2021年2月第1次印刷
定价 39.00元

前　言

年轻一代的父母因为工作忙碌而无暇顾及育儿,通常将孩子托付给爷爷、奶奶、外公、外婆代为抚养和教育。这便是通常意义上的“隔代教养”。2017年中国教育学会家庭教育专业委员会的研究显示:近八成的中国家庭中祖辈是参与教养的。由此可见,如何真正发挥祖辈教养的优势,避免隔代教养的负面影响,对于每个家庭、每个儿童的健康成长意义重大。

老话常道“隔代亲”。隔代教养的确有着天然独特的优势。祖父母们因为养育过子女一代,育儿经验更为丰富;大多数赋闲在家、时间相对充裕;老人智力和心理的童稚化,跟孙辈之间有着天然的接近性;加上老年人骨子里对“含饴弄孙”生活的向往,会在孙辈的抚育上倾注更多的心血和情感。只是,如果不能把握好尺度和边界,这些优势则极有可能成为隔代教养的冲突焦点。比如,祖辈可能更溺爱孙辈,对孩子的诸多需求不假思索地满足,情感边界和行为边界不清晰,从而导致两代人在育儿观念和育儿过程中出现分歧甚至矛盾。如何引导祖辈们进行积极正向的隔代教养,教祖父母们学会如何保持爱的距离,是我们编写这本书的初衷。

在内容的具体呈现上,本书围绕当下祖父母们最为关注又最为困惑的100个问题,一题一招,一招一解。这100个问题聚焦孙辈教养中的五个常见维度:习惯养育、礼仪遵循、学习助力、烦恼化解和偶发应对。每个问题不仅匹配现实的生活场景,还辅以专家科学、专业的点评。祖父母们可以对题寻招、循招找解,真正理解每个问题产生的根源并找到应对之策。

教养是一门科学，更是一门艺术。孙辈教养看似一个孩子的教育问题，实则关系着家庭三辈的幸福。希望祖父母们能从我们的书中找到通往幸福大道的“钥匙”，实现家庭谐和。

孔　燕

2021年1月

目　录

第1编

习惯养育

问题1　如何引导孙辈细嚼慢咽

【招数】观察原因，模仿重现，及时纠正。

【解招拆招】

爷爷奶奶最近发现，小明吃饭速度特别快，简直可以用“狼吞虎咽”来形容。每次让他慢点吃，他只能保持一小会儿。在“家长开放日”，奶奶特意去观察小明中午用餐的情形，发现小明吃饭时总东张西望，原来他是在和同班小朋友比“谁吃饭最快”。这时，奶奶可以和老师沟通，让老师及时加以引导和教育；也可以在平时吃饭时模仿小明，并假装因噎住而咳嗽，从而让小明建立起“吃饭太快”和“容易噎住”的因果关联。

【专家点评】

婴幼儿阶段，孩子肌体各部分，尤其是各组织器官的发育及功能还不够完善，胃肠的消化能力远不如成年人。

催促孩子们快吃、让孩子们进行吃饭比赛，都是不明智的做法。食物在口腔中还没有被嚼碎就进入肠胃，会引起消化不良，从而阻碍营养物质的有效吸收，也容易使食物呛入呼吸道，引起咳嗽、呕吐，甚至会造成窒息。此外，咀嚼还可以促进颌骨发育、预防牙齿疾病。

孙辈有时会因为遇到了喜欢的食物、着急出去玩等各种原因而快速吃饭。看到孙辈狼吞虎咽，祖父母们千万不要以为这是孙辈吃得香，而要通过观察找出原因，积极引导孙辈养成细嚼慢咽的好习惯。

问题2　如何引导孙辈爱惜食物

【招数】抓住良好表现的时机，鼓励保持。

【解招拆招】

金金平时吃饭总会剩饭，奶奶趁小区举办“谁知盘中餐”亲子圆桌会活动，给金金好好上了一课。在“食物连线”“故事问答”环节，奶奶鼓励金金答题，金金对答如流，许多邻居都竖起大拇指称赞。回家后，金金表现得非常棒，再没有剩饭。但是过了四五天，金金就有些坚持不住了，又开始磨磨蹭蹭地不想吃完。这时，金金奶奶可以这样说：“金金，昨天隔壁李奶奶还夸你呢，说你是咱们小区珍惜粮食的小标兵。我还跟李奶奶炫耀，我们金金已经坚持五天光盘行动了。”

【专家点评】

祖辈有着与生俱来的“勤俭”习惯，更适合向孙辈传达爱惜粮食的重要意义。但是切忌一味说教，说教式教育不仅收效甚微，还容易让孙辈产生逆反心理。

有智慧的长辈们会在日常生活中捕捉教育、引导孙辈的好时机，通过相关的寓言故事、动画视频、现实活动，在孙辈听故事、看视频、参加活动的过程中，积极引导，使其认识到“浪费可耻”，并主动做到“爱惜食物”。

好习惯的养成当然也离不开适当的鼓励与惩罚。在孙辈想要浪费粮食时，要及时对他之前的正确行为给予鼓励；尽量使孙辈的饮食结构多元化，多参考一些热门的“宝宝菜单”，让孙辈享受吃饭；在孙辈吃光食物时，给予一定的奖励，激励孙辈保持“爱惜食物”的好习惯。

问题3　如何引导孙辈均衡饮食

【招数】荤素搭配，少吃多餐。

【解招拆招】

嗯，哼，嗯，哼，嗯……多多开始大哭起来。

最近几天，多多一直没有大便，可把爷爷奶奶急坏了。医生细问了多多的饮食后，发现多多连续好几天都只吃了肉食。饮食结构单一、蔬菜水果摄取不足，是多多便秘的主要原因。听完医生的建议，奶奶开始注意多多饮食的荤素搭配，多多最爱吃的红烧肉也被限量供应。一段时间后，多多的肠胃没那么“娇气”了。

【专家点评】

健康均衡的饮食对于儿童健康成长非常重要。没有一种食物能够满足人类所需的全部营养需求，只有相互搭配的多种食物才可以为儿童的生长发育提供均衡的营养。

祖父母们在尽力满足孙辈饮食愿望的同时，也要考虑到孙辈生长发育的营养需求。在吃食上不能一味地满足孙辈的喜好，对孙辈喜爱的食物可以进行一定的限制，尽量提供丰富多样的食物选择。

这样一方面有助于孙辈均衡饮食，另一方面也是对孙辈的一种锻炼与教育，以免其养成“想要的一定要得到”的“公主病”“王子病”。

问题4　如何应对孙辈不爱吃饭

【招数】一起准备食材，激发对食物的胃口。

【解招拆招】

近一周，花花一直不爱吃饭，每一顿只吃几口就不愿意吃了。就连端上她平日最爱吃的可乐鸡翅，都不能吸引她多吃两口饭。花花的爷爷奶奶轮番喂饭，也收效甚微。在咨询了医生，排除了身体上的原因后，花花奶奶发现，或许是因为自己近期在花花吃饭问题上的过度反应吓到了花花，让她更加不愿意吃饭。为此，花花奶奶试着让花花参与到做饭准备的过程中，给她介绍各种颜色的食材，激起她对食物的兴趣。奶奶可以对花花这样说："花花，今天奶奶想做份西红柿汤面，你能把那个最大的西红柿拿给奶奶吗？"

【专家点评】

有很多因素可能造成孙辈不爱吃饭甚至厌食。例如，患有消化系统疾病（如消化功能紊乱及肠道寄生虫病等），会导致厌食；缺锌，会出现厌食的情况;饮食不当,也会造成厌食,比如平时吃了太多的零食或喝了太多的饮料,自然就没有胃口再吃饭了。

心理方面的因素也会导致孙辈不爱吃饭甚至厌食。例如,祖父母们对孙辈吃饭的问题过于关注和唠叨,会加重孙辈的心理负担而致使其厌食。

对待吃饭问题,祖父母们不必太过紧张。遵医嘱调整孙辈身体,请孙辈做小帮手来设计一些趣味性的饮食故事,营造良好的进餐环境,等等,都能让孙辈在轻松、愉快的氛围中自发自主地吃饭。

问题5　如何应对孙辈挑食偏食

【招数】打比方，做示范，变花样。

【解招拆招】

今天午饭，奶奶做了一份清炒时蔬，但是3岁的小明特别不爱吃蔬菜，尤其是带绿叶的蔬菜，甚至找借口说："奶奶，我不要吃，那是小兔子吃的，我是小宝宝，不是小兔子，我要吃肉。"这时小明奶奶可以一边自己大口地吃着蔬菜，一边说："小兔子为什么爱吃蔬菜呀？因为蔬菜有营养啊。你看爷爷奶奶都吃蔬菜了。我们要吃肉，也要吃蔬菜，这样肉和蔬菜的营养，才能都到我们的肚子里。"

【专家点评】

当孙辈不吃某种食物时，要仔细观察，分辨是"不吃某一种食物"还是"不吃某一类食物"。如果是"不吃某一种食物"，那么应当在不影响身体健康的前提下，尊重孙辈的喜好，并通过更换食物或者吃其他蔬菜的方式来补充身体所需营养。如果是"不吃某一类食物"（不吃蔬菜等），则需要了解孙辈挑食、偏食的原因，有针对性地激起孙辈对某类食物的兴趣，使得孙辈认识到营养均衡的重要性；同时以身作则，为孙辈树立不挑食、不偏食的好榜样，进一步消解孙辈对某种食物的抗拒或者偏爱。

面对孙辈的挑食、偏食，祖父母们切不可盲目纵容，但也不能表现出过激的反应，如用大声呵斥、过度惩罚、强迫喂食等方式迫使孙辈吃下食物，这将进一步激化孙辈的抗拒情绪。平和耐心的引导和正确有效的示范，会更有利于改善孙辈挑食、偏食的毛病。

问题6 如何引导孙辈早睡早起

【招数】定规矩，逐日递进；造氛围，共同推动。

【解招拆招】

冰冰有一个令人头疼的习惯，就是喜欢晚睡晚起。每天晚上要十点以后才能睡着。而每天早上起床则特别费劲，多数时间家里早上叫他起床时都是鸡飞狗跳的慌乱场景。上了幼儿园后，仍然如此。为此，冰冰奶奶决定改变冰冰的作息时间，引导他早睡早起。奶奶首先定下了“早睡早起”的规矩，家中大人也都去遵守，以免给冰冰树立“坏榜样”。其次，奶奶坚持将每天睡觉的时间都较前一日略提前一些，这样慢慢地改变冰冰的作息时间。每天差不多快到睡觉时间时，就督促冰冰做些睡前的准备工作，如刷牙、洗脸、整理床铺等。最后，一到睡觉时间，奶奶就关闭家中的电视，也不让冰冰在睡前过分嬉戏打闹，以免他过度兴奋而难以入睡。

【专家点评】

1～3岁的幼儿每天晚上要保证12小时睡眠，白天还需再睡两三个小时。4～7岁的儿童每天睡12个小时是必要的，每晚8点左右上床，中午尽可能再小睡一会儿。孩子如果睡眠不足，不仅会精神不振、免疫力低下，还会影响生长发育；而晚睡则会影响孩子夜间生长激素的分泌，导致孩子个头偏矮。

如果孙辈晚睡晚起的习惯已经养成，想一朝改过来是不现实的，但是只要长辈们能一起注意方法，营造良好的睡眠环境，并耐心引导、慢慢纠正，相信在长辈的关爱下，任何孙辈都是可以慢慢养成早睡早起的好习惯的。

问题7　如何应对孙辈不肯单独睡觉

【招数】讲故事，找榜样，逐步习惯“自己睡”。

【解招拆招】

夏夏已经到了上小学的年龄，却还是不愿意自己单独睡觉，每次睡觉总是要求和奶奶一起睡。奶奶用以下三个步骤，成功地让夏夏“自己睡”。首先，讲故事（参考有关独立睡眠主题的绘本），让夏夏渐渐了解自己睡觉是一件愉快的事情。然后，奶奶又带着夏夏去习惯自己睡觉的明明家里参观，促使夏夏有“自己睡”的意愿。最后，奶奶选了一个夏夏心情愉悦的日子，开始哄着夏夏尝试“自己睡”。经过一段时间的努力后，奶奶慢慢缩短了讲故事和陪睡的时间，最终夏夏能完全“自己睡”了。

【专家点评】

很多孩子不敢一个人睡觉，甚至到了小学中高年级还不能分床，原因就是孩子对家长的依赖性太强。分床睡眠可以让孩子逐渐明白自己“长大了”，有助于孩子克服一些恐惧心理（如怕黑、怕怪物等），让孩子逐渐养成勇敢、独立等良好品质。

祖父母们不必陪床，孙辈的成长是其他人替代不了的。如遇孙辈睡前哭闹，总要陪睡，祖父母们最应该做的是，安抚情绪，减少陪伴，鼓励孙辈慢慢适应独自入睡的过程。在孙辈说“我怕黑”时，祖父母们可以帮助他“打开床头的小夜灯”或者“不将房门关严”，来消解孙辈的顾虑。有的时候，并不是孙辈难缠，而是祖父母们不坚定。切记，不陪床是在帮助孙辈养成独立自主的好习惯。

问题8　如何应对孙辈的起床气

【招数】转移注意力，让孙辈来不及“生气”。

【解招拆招】

到了冬天，夜里时间长，晚上小龙总觉得玩得不过瘾，不想睡，早上又总是犯困，不想起，好不容易被叫醒了，还有起床气，哭天抹泪，拉着脸。对此，爷爷想了一招，他在前一天晚上和小龙约定好：“明天早上，我们和米米一起去小区广场做做操，好不好？那里有一个特别大的恐龙，我们一起去看看吧。”第二天早上，爷爷稍微提前一点时间喊小龙起床，并说起了昨天的约定：“我们和米米约好了呀，她说不定都在等我们了，我们快点吧。”看到小龙仍然有点起床气，于是爷爷又问：“小龙今天想穿哪一件衣服？我们要穿得好看一点呀。”通过选衣服，来转移小龙的注意力，让他快速地减轻困意。

【专家点评】

孙辈的起床气在生活中很常见。随着年龄的增长，老年人的睡眠时间会逐渐减短，但切不可以“早睡早起”为由让孙辈一味符合自己的作息时间。让孙辈拥有充足的睡眠，对于孙辈的生长发育非常重要，而保证孙辈睡觉的质量，则是预防起床气的最佳办法。

此外，叫醒孙辈的方法也很重要，不要一遍一遍地催促，那样会让孙辈很反感，应该用孙辈最喜欢或者最能吸引他的方式来叫醒他，转移注意力，让他来不及“生气”；如果时间允许，可以提前几分钟叫醒孙辈，给他适当预留些时间，让他缓缓劲，再慢慢起床。

问题9　如何引导孙辈保护视力

【招数】多备利眼食物，匡正用眼行为。

【解招拆招】

小明刚看完几集动画片，又拿起爷爷的手机，躺在床上用小手左划右划。到了晚上，奶奶看到小明在不停地揉眼睛，就仔细地观察了一下小明的眼睛，发现小明的眼角布满了血丝，变得红肿。奶奶知道小明最近迷上了爷爷手机里的游戏，总是趁大人不注意的时候拿出来玩。奶奶拿了面小镜子让小明看自己的眼睛，说："是不是觉得眼睛很痒，而且红红的啊！这是因为你又看电视又玩手机。这个坏习惯如果再不改正的话，你就要变成小白兔喽。"爷爷也接着说："以后看动画片要坐得离电视机远一些，再也不能一直盯着看了，还要多出去向远处看一看，不然以后就得戴眼镜了。"

【专家点评】

国家卫健委近期的一项调查显示，全国儿童和青少年总体近视率为53.6%，一半以上的儿童和青少年近视，低年龄段近视问题尤为突出。原本3～6岁学龄前阶段很少出现近视，可近年来在幼儿园和小学低年级近视的比例明显增加，而且这种趋势非常严峻。近视会给学习、生活和体育运动等带来诸多不利影响，已经成为威胁儿童和青少年健康的主要因素之一。

孙辈容易被电视和手机里多变的画面所吸引，又没有自控能力和自我锻炼、矫正的意识。因使用姿势不当、离屏幕过近、过长时间使用各种电子产品等问题，导致小小年纪就戴上一副"小眼镜"。为了预防近视，祖父母们除了要自觉控制孙辈看电视和使用手机的时间和频率外，还要增加小朋友户外活动的时间。在入学早期帮助孙辈养成正确的读写习惯，告诫他们不在行走、坐车和躺卧时阅读。

另外，多备富含维生素A的食物(动物肝脏、蛋黄、牛奶等)、富含胡萝卜素的黄红色蔬果(胡萝卜、南瓜、柑橘等)和富含叶黄素、玉米黄素的橙色系食物(猕猴桃、芒果、黄玉米等)。预防近视，从备足利眼食物入手。

问题10 如何引导孙辈注意口腔卫生

【招数】牙齿早晚刷，饭后必漱口，口腔卫生天天讲。

【解招拆招】

琴琴每晚睡前都要喝一杯牛奶，但是每次喝完牛奶后琴琴就不想去刷牙、漱口了。最近琴琴还爱吃糖，有时候躲在被窝里偷偷吃，已经被奶奶发现好几次了。今晚临睡前，琴琴喝完牛奶又没漱口。奶奶拉着琴琴的手问她："小白兔的牙齿白不白啊？"琴琴说："小白兔的牙齿可白了。"奶奶又问："那奶奶的牙齿好看吗？"琴琴看到奶奶的牙齿已经掉了几颗了，而且有的牙齿还是虫牙，就说："奶奶的牙齿不好看，有虫牙，而且还掉了好几颗。"奶奶接着说："是啊，奶奶小时候没有养成刷牙和爱护牙齿的好习惯，宝宝如果不爱护牙齿的话也会像奶奶这样哦。你看爸爸妈妈，每天早晚刷牙，吃完甜食也会刷牙，躲藏在牙齿里的细菌都被他们打败了！"

【专家点评】

一口洁白整齐的牙齿不仅对健康至关重要，而且对于孙辈长大后的形象也有影响。刷牙是儿童口腔卫生保健的重要手段，建议给孙辈使用儿童保健牙刷。3岁以上的儿童在能够正常漱口后，建议使用含氟儿童牙膏刷牙。身为祖父母们，需要帮助孙辈做到以下几点：

一是要求孙辈做到早晚刷牙，饭后漱口，从小养成良好的口腔卫生习惯。

二是合理饮食，少吃含糖的零食和易粘牙齿的精细糕点，或吃后立即刷牙漱口，特别是睡前刷牙后就不能再吃东西了。

三是要预防牙颌畸形的发生，要及时去正规的口腔医院或诊所诊断儿童的牙齿健康状况，对已发生的畸形进行早期治疗，阻断其发展，或通过早期控制，引导牙颌面良性发育，从而保障儿童口颌、颅面及身心的健康发育成长。

问题11　如何引导孙辈用耳健康

【招数】禁止自掏耳朵，帮助科学清除耵聍。

【解招拆招】

小白最近在模仿大人用“挖耳勺”掏耳朵，可是他手里拿的不是挖耳勺，他只要拿到细小的东西就往耳朵里塞。奶奶问他在干什么，他就说：“掏耳朵。”今天奶奶又看到小白拿着一根小木棒准备朝耳朵里塞，奶奶急忙拉住了他，并在光线充足的窗户下仔细看了看小白的耳朵，发现耳道内并没有多少分泌物。奶奶赶紧教育小白说：“小朋友的耳朵是非常脆弱的，如果不能得到很好的保护，用尖锐、不卫生的异物清洁耳道是很危险的，不小心就会划伤耳道，更严重的还会失聪，到时候你就听不到爷爷奶奶再叫你小宝贝了！”小白这才明白了耳朵保护的重要性。

【专家点评】

儿童耳朵的保护是祖父母们最容易忽视的问题，大人用“挖耳勺”给儿童清洁耳道的行为其实非常危险。如果特别需要，可在帮助孙辈清理耳道时使用蘸有少量医用酒精的棉签轻轻地擦拭。如果耳道内的耵聍比较大或藏得比较深，就需要及时就医，由医生来帮助清理，切不可自作主张。

大人最好避免在儿童面前清洁耳道。孙辈喜欢模仿，他看到后会学着大人的样子，把拿来的工具往耳朵里塞。此时，要告诫孙辈这样的动作很危险。

另外，儿童听觉器官尚未发育完善，要避免带孙辈听高分贝或节奏较快的音乐，这些音乐会造成听力下降。如果有较大噪声时，要告诉孙辈用手掌捂住耳朵，而且不要尖叫。

如果在游泳或洗澡时，孙辈的耳朵进水了，要先稳定他的情绪，防止他用手用力掏耳朵，可以让他将头侧向进水耳朵的方向，并用手轻轻地拉进水一侧耳朵的耳廓。一侧耳朵处理好后，再处理另一侧。

问题12　如何引导孙辈勤洗澡、爱洗澡

【招数】消解抵触情绪，用故事、玩具进行有趣味性的引导。

【解招拆招】

小明不爱洗澡。奶奶叫他洗澡的时候，他总爱找各种借口躲避，因为他不喜欢站在水龙头下被水淋着喘不过气的感觉。今晚，奶奶故意坐在小明旁边开玩笑地说："我怎么闻到一股酸酸的味道啊，是不是家里哪里发霉了？"小明听后很认真地闻了闻说："我怎么没有闻到啊。"奶奶说："哎呀，原来是我家的小宝贝又酸又臭啦。你白天在游乐场玩了好久，身上出了很多汗，我们要是再不洗澡啊，估计邋遢大王今晚就会来找你喽！"

【专家点评】

儿童的皮肤柔嫩，活动量大，新陈代谢旺盛，如果不经常洗澡清除污垢，就会影响皮肤的新陈代谢，不利于血液循环。

孙辈洗浴时建议由同性陪同，为了防止他不愿洗澡，可将其喜欢的玩具带到浴室，让他边玩边洗。

一些祖父母们在给孙辈洗澡时常常为了洗得更干净而过度揉搓皮肤，其实这对于孙辈，尤其是婴幼儿时期的孩子，是不好的行为。在对儿童皮肤进行清洁时切忌用力过猛，那样做容易伤害儿童柔嫩的皮肤。

一般洗澡顺序为从头到脚，先前身再后背。应避免使用对皮肤和眼睛有较强刺激性的洗发露和沐浴露，可选用儿童专用洗浴液。沐浴后应用柔软的浴巾擦拭，并及时更换干爽的衣服。

如果眼睛或耳朵不慎进水，祖父母们切不可不管不顾，应耐心地对儿童进行安抚。眼睛进洗发露或沐浴露时，用清水冲洗即可；耳朵进水了，则需要孙辈将头歪向进水耳朵的一侧，再轻轻地拉这侧耳朵的耳廓。

问题13　如何引导孙辈勤洗手

【招数】吟唱《洗手歌》，边跟唱边洗手。

【解招拆招】

小明上午和爷爷奶奶去游乐园游玩回来，一进家门就抓起放在桌上的大苹果吃了起来，奶奶说："小明，怎么不洗手啊？"小明说："没关系，我用手抓着吃，我没有吃手啊。"奶奶马上拉着小明去水龙头前，一边示范洗手的正确步骤，耐心讲解洗手的重要性，一边鼓励小明保持之前的好习惯，坚持吃东西前洗手。

【专家点评】

"病从口入"是多数儿童腹泻和感冒的诱因，因此让儿童养成勤洗手的习惯至关重要。

一般家庭的洗手池都较高，建议在洗手池前摆放稳定的小凳子，以便孙辈踩在凳子上自己就可以摸到水龙头。为增加洗手的趣味性，还可以播放《洗手歌》，边跟唱边洗手，在轻松的氛围中，指导、督促孙辈正确地完成手部的清洁。为了达到清洁效果，最好搭配使用香皂或洗手液。

洗手歌

玩玩具,小手脏,
快把小手洗一洗,
先卷袖子再开水,
手心手背湿一湿。
关上龙头抹肥皂,
搓手心,搓手背,
手指缝,别忘记,
小手腕,也要洗。
搓出满手白泡泡,
打开龙头冲一冲,
再把小手擦干净,
保持卫生好习惯。

问题14 如何引导孙辈注意用眼卫生

【招数】及时纠正错误用眼行为，以身作则。

【解招拆招】

下午，小明和好朋友们一起在公园的沙坑边玩沙子。几个小朋友玩得浑身都是沙子，几双小手也都脏乎乎的，但是他们很开心。突然，小明因为额头被另一个小朋友挖沙子的铲子碰了一下，大哭起来。虽然只是被铲子轻轻地碰了一下，但小明依然哭得眼泪汪汪的，并用刚挖过沙子的小手去揉眼睛。还好，被手快的奶奶一把拉住。奶奶掏出干净的湿巾一边擦着小明的脸蛋，一边说："小手这么脏，如果把细菌和沙子揉到眼睛里，眼睛会很难受的。"

【专家点评】

儿童在玩耍或参加其他活动时常常汗流浃背，手脚和衣服都脏脏的，这时如果汗水或者异物进入眼睛，孩子会下意识地用手去揉，手上沾染的脏物很容易被揉进眼睛里，引发眼部感染或发炎，如不能得到及时的处理，后果将会很严重。

遇到此类情况，祖父母们要格外地眼疾手快，及时制止。如果不慎将异物揉进了眼睛，切忌用手继续揉搓眼睛。应尽快让孙辈侧仰面部，尽力睁大眼睛，用清水冲洗。有条件的话可由成人用干净的手帮孙辈撑开上、下眼睑，这样能冲洗得更全面和彻底。如冲洗过后孙辈仍然觉得眼部不适，应及时就医。

问题15　如何应对孙辈啃咬手指

【招数】查微量元素，找根源。

【解招拆招】

最近爷爷注意到咪咪在听故事或者看动画片时，会不由自主地啃咬自己的手指头，每次非得爷爷说他，他才肯把手指头从嘴里拿出来。爷爷发现咪咪几个手指的指甲已被啃咬得参差不齐。爷爷多次要求咪咪不可以再啃咬手指，咪咪当时很爽快地答应了，但是不久就忘了。

为此事，咪咪没少挨爷爷的骂。咪咪委屈地对奶奶说："奶奶，我也不想啃咬手指头，可是我总是控制不住。"奶奶听后安抚道："没关系，小宝贝，奶奶带你去看医生，听听医生是怎么说的。"

【专家点评】

解决儿童啃咬手指的毛病需要找到问题的根源，仅仅靠提醒并不能从根本上解决问题。

首先，如果是3岁以前的婴幼儿啃咬手指，这属于自然现象，无需过多担心。但如果孙辈年龄都超过3岁了还啃咬手指，则需要去正规医院就诊，筛查是否缺少某种微量元素。如果的确是缺少某种微量元素，则需要及时给予补充。

其次，要多检查孙辈的指甲，看看是不是因为家长没有给他剪指甲，他才去啃咬。

最后要注意的一点是，啃咬指甲往往是没有安全感的表现。儿童会通过啃咬手指来转移注意力，排解不良情绪。这就需要祖父母们擦亮眼睛，仔细观察，敦促子女多给予孙辈关爱。要多拥抱、多陪伴，因为肢体接触是不良情绪最好的缓解剂。

问题16　如何引导孙辈大胆说话

【招数】表达即鼓励，胆怯不批评。

【解招拆招】

小红和爷爷走在回家的路上，遇见了爷爷的老战友。爷爷告诉小红："这是李爷爷，小红，叫李爷爷好。"可是小红却躲在爷爷身后不愿出来。回家后，爷爷问小红："为什么不愿意向李爷爷问好呢？"小红说："我不认识他，我不好意思。"爷爷笑着抱起小红说："小红已经是个大孙女了，应该像个大人一样主动向人问好，这样才是一个有礼貌的好孩子。"

【专家点评】

儿童不敢在陌生人面前或者公共场合大胆说话，有以下几个原因：

(1) 性格内向，不爱表达，或者不喜欢主动表达，并非是孙辈不愿讲礼貌或有意排斥和敌视他人。遇到此类情况，祖父母们不能强硬地逼着孙辈去说话，也不要因为孙辈的羞涩或胆怯就对其进行严厉的批评，而是用礼貌的话一边回应老友一边为孙辈做示范，让孙辈亲身感受到礼貌问候的好处：打招呼的双方都很开心，爷爷的朋友也可以变成其熟悉的长辈。

(2) 不善表达，不知道怎么表达才能引起大人的好感，生怕自己表达不好。面对这种情况，祖父母们可以先在熟悉的环境中，给孙辈创造表达的机会，并当众夸奖。比如当家人在一起时，大家把"你好""谢谢""你说得真好"等用语常挂在嘴边，形成一种自然交互的氛围；再将这个朋友圈扩展至亲朋邻居，然后再在适当的场合扩展到孙辈虽陌生但大人熟悉的人。

告诉孙辈主动向别人问候的好处，让孙辈看到别的小朋友主动大胆说话的样子，带孙辈参加户外或集体活动，让孙辈有机会多接触陌生的人和环境，多交朋友，等等，都是引导孙辈大胆说话行之有效的方法。

问题17　如何引导孙辈说话清晰连贯

【招数】用“接话”帮助孙辈找到叙述的逻辑。

【解招拆招】

今天在小明看完动画片以后，爷爷想考考小明，就问：“小明，今天的动画片里讲的都是什么啊？”小明不假思索地将动画片里的故事情节告诉了爷爷。虽然小明很努力地说了半天，可爷爷却听得很费劲，小明讲完了，爷爷依然不知道小明说的是什么。爷爷抱着小明，笑了笑说：“动画片里都有谁啊？”小明开始回答，爷爷又问：“那他们之间发生了什么事呢？”小明又将发生的事情说了一遍，最后爷爷问：“那结果怎么样了呢？”小明说了最后的结局。就这样，在爷爷的引导下，小明将动画片的内容比较完整地复述了一遍。

【专家点评】

儿童语言发育一般分为以下六个阶段：

(1) 预备期(0～1岁)。这是咿呀作语和初步理解阶段，故又称“先声期”。到孩子8个月时这种发声练习达到高峰，并会改变音量以模仿真正的语言。

(2) 语言发育第一期(1～1.5岁)。这时期的语言特征是：说单字句，能用手势、表情辅助语言来表达需要；能以动物的声音来代替其名；会模仿自己听到的声音，如问：你几岁？孩子会鹦鹉学舌式地复述：几岁，如同回音般，故医学上称为“回音语”(“回音语”出现在这个阶段，并持续到2岁左右消失，为正常)。

(3) 语言发育第二期(1.5～2岁)。又称“称呼期”，开始知道“物各有名”，喜欢问其名称，字句量迅速增加。

(4) 语言发育第三期(2～2.5岁)。能说短句，会用代词你、我、他，开始接受“母语”中独特的语法习惯，如用感叹句来表示感情，用疑问句询问等。

(5) 语言发育第四期(2.5～3岁)。这个阶段会使用复杂句,喜欢提问,故又称“好问期”。

(6) 完备期(3～6岁)。说话流利,会用各种词类,并能从成人的言谈中发现语法关系,修正自己暂时性的错误语法,逐渐形成真正的语言。

适当的时候用“接话”,可以帮助孙辈迅速找到表达的重点,以训练孙辈语言表达的逻辑性。

问题18　如何应对孙辈讲粗话或骂人

【招数】厘清原因，制止和引导并举。

【解招拆招】

今天晚上，灿灿兴高采烈地和奶奶分享着幼儿园里发生的趣事，但是她却将果果称为“傻逼”。此时，奶奶回应道：“灿灿，你怎么能这样说果果呢？她要是知道了，得有多伤心呀？老师说过的，我们要讲文明懂礼貌，你这样讲让小朋友伤心是讲文明懂礼貌吗？那你应该怎么说呀？你是想说果果今天玩游戏输了，对不对？”同时也要反思是不是自己或者身边的其他人，在孙辈面前讲过粗话，并尽可能与身边的人达成一致——不讲粗话，在之后与孙辈相处的过程中，严以律己，做一个“好榜样”。

【专家点评】

儿童的言行很容易受到身边环境的影响，如果他们有讲粗话、骂人等行为，很可能是在模仿身边人的行为。

孙辈有此类言行，祖辈们不可出于对孙辈的疼爱而放纵他，应该反思孙辈这种行为的原因。如是否孙辈身边的其他人（包括自己）有此类言行，有则改之，无则加勉，在孙辈面前起到“好榜样”的作用。

在孙辈讲粗话甚至骂人的时候要及时制止，并利用身边的实例做出良好的示范，告诉孙辈应该怎么表达。在孙辈已经改正自己的行为但身边仍有此类行为发生时，可鼓励孙辈尝试着去制止这样的行为，让他切实地感受到某些话是不可以说的，引导他养成良好的口德。

问题19　如何应对孙辈热衷于电子产品

【招数】共同商定使用限制，约出必行。

【解招拆招】

康康最近迷上了用iPad制作电子相册，经他手制作的相册配上精心挑选的音乐十分精美，爸爸妈妈和爷爷奶奶都非常喜欢。家长们的赞赏让康康愿意花更多的时间利用iPad在网上搜索素材和寻找灵感。可时间一长，爷爷发现康康用在学习上的时间少了，而且因为长期对着电子屏幕，康康时常不自觉地挤眼睛、揉眼睛。看来兴趣爱好已经影响到了康康的学习和身体健康了。

爷爷对康康说："康康，以后我们每天制订一个计划好吗？把每天要做的事情按照时间分配好，这样学习娱乐两不耽误，你说好吗？"康康也觉得自己每天抱着iPad非常不好，老师布置的课外阅读他都没有时间仔细完成。在爷爷的帮助下，康康制订了一份详细的每日计划安排，他将每天起床、学习、踢球、看书和用iPad的时间都做了详细的划分。

【专家点评】

随着科技的飞速进步，电子产品（手机、iPad、电视等）成了我们日常生活中难以或缺的一部分，我们应该正确看待孙辈使用电子产品的事实，既不纵容，也不过于严苛。

应适当控制孙辈对电子产品的使用时间，非学习目的的使用单次不宜超过15分钟，每天累计不宜超过1小时。使用电子产品学习30~40分钟后，一定要提醒孙辈休息，并且远眺放松10分钟。连续使用电子产品的时间越短越好。

要养成这一良好习惯，祖孙间应首先建立起有效的沟通机制，提前商量合适的使用规则，使孙辈有节制地使用电子产品，比如约定一天内玩电子产品的时间、次数，吃饭时、睡觉前不碰电子产品，并约束家中所有人共同遵守。从小养成约定、约束的习惯，也是契约精神的体现。

问题20　如何应对孙辈乱涂乱画

【招数】引导他在合适的空间内“涂”“画”。

【解招拆招】

糖糖最近迷上了画画，一不留神，他就用彩笔在家里的墙壁上留下了“大作”。爷爷奶奶没有批评糖糖，而是这样说：“糖糖，你这画的是什么呀？可以和我们讲讲吗？这是个小乌龟呀，是我们昨天在花鸟市场遇到的那只哦。画得真好！不过，你要是能在画本上画就更好啦，我们可以一直留着你的画，等会儿我们一起去挑一本画本，好不好？”

【专家点评】

每个人都拥有与生俱来的绘画冲动，儿童天生就会涂鸦，这不需要教。涂鸦期的儿童喜欢乱涂乱画，他们在用这种方式探索未知的世界。儿童喜欢涂鸦，把他们所看到的事物、喜欢的东西记录下来，这也是他们表达自己内心感受的一种方式。

遇到孙辈乱涂乱画，祖父母们不要因为爱干净而一味阻止，而是要给孙辈准备合适的空间，做好正确引导，比如为孙辈准备一面涂鸦墙、一本画本，引导他在涂鸦墙、画本上画画，切不可嘲笑孙辈的画不好看，应当认真倾听他的“绘画小故事”，鼓励并支持他充分发挥自己的想象力、创造力，确保孙辈看世界的眼睛纯真无邪。

此外，乱涂乱画也有可能是孙辈表达不满情绪的方式，比如孙辈生气时会使劲画各种线条，在心理防御上，这通常也被看成他是在以自我的方式化解自己内心的情绪，是一种宣泄，是好事，但也不能过分。

问题21　如何引导孙辈爱上运动

【招数】以孙辈的视角鼓动他运动。

【解招拆招】

傍晚,院子里的小朋友都在楼下玩,有的在踢球,有的在骑自行车,还有的小朋友在滑轮滑。而西西却窝在沙发里看电视。爷爷叫他下楼,西西说不想去,要看他最喜欢的动画片。奶奶听到后拉起西西的手,说:“小胖墩,快起来和爷爷下楼活动活动去,你再不活动,身上就都是肥肉了,以后当警察抓小偷、当解放军保家卫国,长一身肥肉可不行哦,快去,和爷爷运动去吧。”西西一听立马从沙发上跳了起来,喊着:“我可不要变成个大胖子,我要做个运动健将。”

【专家点评】

儿童的运动兴趣和习惯大部分来源于他们的父母或家庭环境。从生理上说,运动可以使身体的各项功能得到锻炼,从而促进孙辈的生长发育。从心理上说,运动能够帮助孙辈增强自信心、责任感、荣誉感和集体主义精神,有利于培养孙辈持久性、果敢性、自制力、独立性等个性品质,使他们精神振奋、乐观开朗、充满生气。从社会交往的意义来说,运动可以帮助孙辈广交朋友、融入集体、融洽自己和小伙伴的关系,为将来更好地走向社会打好基础。从道德规范的角度来说,运动还可以帮助孙辈学会遵守规则,学会尊重他人,培养正确的道德观和价值观,理解公平正义的含义。

对学龄前儿童,一般不建议进行大运动量的体育锻炼,但是祖父母们可以鼓励孙辈把运动看作游戏,注重兴趣的培养。等到上小学后有了正常的学校体育活动,如果孙辈在某个或某些运动项目上有爱好或特长,那么祖父母们对孙辈所进行的运动应该给予更多的理解和支持,不要因为心疼孩子而让孩子宅在家中。应该正确看待孙辈在运动中可能会发生的受伤等情况,教育引导孙辈敢于克服困难、不畏流血和挫折,勇于拼搏进取。

问题22　如何引导孙辈衣着整齐

【招数】练好生活自理能力，从常提醒、常纠正开始。

【解招拆招】

豆豆早上又起晚了，他匆匆忙忙穿上衣服，洗漱完，吃了早饭就准备出门上学。爷爷在门口看到豆豆风风火火地穿上鞋子，拿上书包就往门外冲，赶紧叫住他。原来，豆豆校服的扣子上下扣错了，裤子也穿反了。爷爷一边笑着一边赶紧给豆豆调整。奶奶也从厨房里出来，站在一旁，笑着说："豆豆啊，你这样去学校小朋友们一定会笑话你的，以后出门前一定要再检查一遍自己是不是穿着干净、整齐"。

【专家点评】

衣着干净、整齐能够反映出孙辈的卫生习惯和独立性，但多数学龄前儿童对此还没有意识，祖父母们应及早向孙辈灌输衣着干净、整齐的好处，告诉孙辈日常着装保持干净、整齐会得到更多小伙伴的喜欢。

保持衣着的干净、整齐对于锻炼孙辈的自理能力也是非常好的方法。

当前,儿童生活自理能力差的问题已越来越影响到儿童的身心发展。生活自理能力是指儿童在生活中自己照顾自己的劳动性能力,主要包括独立进餐、自己穿脱衣服、安静午睡、独立如厕、正确洗手等几个方面。当今社会,祖父母们在教养孙辈时,更多关注的是智力和分数,对孙辈的动手能力及自理能力并不十分重视。有调查显示,75.8%的祖父母们只求孙辈的成绩考得好,学习以外的其他一切事情都不需要孙辈自己动手;只有24.2%的祖父母们希望孙辈能在智力得到发展的同时也锻炼自己的动手能力和自理能力。正是由于存在这些情况,导致很多孙辈自理能力很差:吃饭要长辈喂,上完厕所要长辈帮忙提裤子,睡觉时要长辈坐在床边拍着入睡,起床后要长辈帮忙穿衣服、裤子和鞋子。

著名教育学家陈鹤琴说过:“凡是孩子能自己做的事情就该让孩子自己做”,“习惯养得好,终身受其福,习惯养不好,终身受其罪”。可见,良好的生活自理能力是一生的福分。

问题23　如何引导孙辈认识冷暖、加减衣物

【招数】让孙辈通过切身感知冷暖，学习添减衣物。

【解招拆招】

凉爽的秋天来到了，气温变化很大，早晚特别冷，中午又有点热，一天中的温差较大。活泼好动的贝贝午觉睡醒后，就在楼下和小伙伴们踢球，出了一身汗，刚刚学会穿衣的贝贝便自己将外套脱掉了。踢球结束后，奶奶提醒他："贝贝，我们把身上的汗擦擦，把外套穿上吧，这会儿有点冷了。"贝贝着急回家看动画片，不肯擦汗加衣，结果还没到晚上，就有点咳嗽了。这时奶奶赶紧让贝贝多喝热水，并借机教育贝贝："哎呀，刚刚是谁'咳咳咳'的，像个小老头喽。天凉了，我们就要穿外套，下次出去玩可不能像今天这样，多难受呀，是不是？"

【专家点评】

幼儿对冷暖的判断不像大人那样精准，在他们尚不会表达冷暖或自己还不能正确判断时，是否添减衣物应由家长来判断并落实。

祖父母们可以配合孩子爸妈，告知孙辈及时添加衣服可预防咳嗽，并抓住他们自己穿衣的时机，解释什么是"温暖"，助其理解温度变化的差异，理解温度变化与添减衣物的关系。

还可以借助动画片中下雨、下雪的场景，引导孙辈学会观察，学习不同气温时添减衣物的正确做法，让他们知冷暖，会添减衣物。

3～6岁年龄段的儿童添减衣物的行为，是生活自理能力的又一表现，指标要求如下：3～4岁，能够在大人的帮助或提醒下穿脱衣服和鞋袜，并将其放到该放的地方，而不随地乱扔。4～5岁，能够自己穿脱衣服和鞋袜，并且能够自己扣纽扣，同时能做到整理自己的物品，譬如整理弄乱的房间等。5～6岁，能够根据天气的冷热添减衣物，能够自己穿鞋子、系鞋带，也能够按照类型分门别类地整理好自己的物品。

问题24　如何预防孙辈被骗、被拐

【招数】打好“预防针”，培养对陌生人的警觉意识。

【解招拆招】

阳阳满2岁了，喜欢在外面的商场、游乐场等公共场所自由自在地玩。有时候会有陌生的阿姨或者叔叔来逗他，并且问他吃不吃零食或者跟不跟他们走。这个时候爷爷奶奶严肃地告诉阳阳，不能吃陌生人的零食，也不能跟着陌生人走。阳阳不太明白为什么，爷爷奶奶可以通过平时给阳阳讲他喜欢听的故事，如《小红帽》《大灰狼和七只小羊》，在故事情景中带入不能相信陌生人的情节，以此来培养阳阳的警觉意识，告诉他跟着陌生人走，就会有见不到爷爷奶奶的风险。当阳阳大一点时，比如五六岁，可以让他记住一些常见好记的遇到危险时的自救方法，比如记住父母的电话号码，在人多的地方大声呼救，迷路时找警察叔叔帮忙等。

【专家点评】

据统计，我国每年被拐儿童的年龄普遍在5岁以下，而且被拐年龄逐渐呈下降趋势，提升儿童安全意识是学前教育中十分重要的部分。

作为祖父母们，在提高自身的防骗、防拐等安全意识的同时，也要在日常教育中告诫孙辈不要轻信陌生人，可以通过讲故事、演角色等手段，培养孙辈的警觉意识。

祖父母们在带孙辈去公园、超市、菜市场、火车站等人员杂而多的地方时，尽量不要让孩子走出自己的视线范围。一旦发现儿童走失，先不要惊慌，应第一时间联系附近的安保人员和警察，说清有效信息。

问题25 如何教育孙辈感知“水电火”的危险

【招数】机会教育与日常引导相结合，切实感受“真危险”。

【解招拆招】

强强3岁多时，看见大人给手机充电的情形，就喜欢模仿大人的样子玩插座，觉得很好玩，对各种电线都很感兴趣。看见滚烫的饭碗，就忍不住想马上吃两口。看到有人在玩打火机，也十分好奇地想去摸。到公园玩时，看到船在湖里游，就想下水试试。爷爷奶奶多次口头教育强强，但是强强好像很少对这类警告上心。

后来，强强因为偷摸了装有开水的玻璃杯而不幸被烫伤，奶奶一边通过淋冷水等方式为强强进行了紧急处理，一边也顺势告诉他要小心火，小心温度高的饭碗、水杯，碰这些东西被烫到会很疼，这种疼痛就和刚刚摸到开水杯的感觉一样。强强吃一堑长一智，开始逐渐认识到“水电火”的危险了。

【专家点评】

儿童的成长往往伴随着各种潜在危险，如跌落、触电、溺水、烧伤等。他们对潜在的危险不自知，总是忍不住去探索未知的事物。如果祖父母们只是一味地禁止孙辈玩水玩电，有时反而会滋生其逆反心理，使其越加好奇。

因此，可以借助生活中的一些“小麻烦”让孙辈认识到，甚至是“体验”到什么是危险。在可能的情况下，让孙辈自己体验危险不失为一种有效的安全教育方式。吃一堑长一智，在尝试中才能明白危险究竟是什么，并培养起规避危险的意识。

此外，在日常生活中，祖父母们在陪同孙辈看动画片或者图画书时，如果恰好遇到防“水电火”等场景，可以引导孙辈联想到自己，让他有身临其境、感同身受的感觉，切实认识到“什么是危险”。

问题26　如何正确引导孙辈和小朋友们的“打闹”

【招数】游戏玩耍有尺度，恶意攻击要制止。

【解招拆招】

小伟4岁时，每天放学后就喜欢在小区里和小伙伴们疯玩，大家一起拿着玩具水枪或者激光枪，像从笼子里放出的小鸟一样，一会儿就跑得没了人影。爷爷奶奶总是担心他跑得太快而摔倒受伤，或被其他小朋友推倒，因此总想让他不要玩了，早点回家。但在其他孩子爷爷奶奶们的劝解下，小伟的爷爷奶奶发现小伟只是在和同伴们玩一些没有攻击性的游戏，环境也很安全，于是不再担心，虽然也会叮嘱小伟“注意安全，不要跑得太快”，但是心里不那么着急了。

【专家点评】

作为孙辈的看护人，祖父母们都不希望孙辈因为过度打闹而受伤，但有时矫枉过正反而会让孙辈产生反弹效应。对于一些精力旺盛的孩子来说，打闹游戏不仅是他们释放精力的一种方式，也是他们进行社交和掌握肢体动作力度的关键方法。

要正确区分打闹与恶意攻击两种行为。

比如小朋友间没有携带任何危险玩具，只是互相做游戏玩耍而出现的活蹦乱跳行为，则是正常打闹。在这种情况下，祖父母们无需过多插手孩子间的行为争端。

但是如果有些小朋友以大欺小或者小朋友间用玩具枪互相攻击，并且出现人身伤害行为，如打架、掐人、咬人等行为，则属于暴力行为。这时祖父母们就要及时出面制止并加以教育引导，告诉小伟和其他小朋友“大家应该和平相处，打人是不对的行为”，而不是放任为之。

第2编

礼仪遵循

问题27 如何引导孙辈礼貌待人

【招数】以身作则做榜样，潜移默化教孙辈。

【解招拆招】

快过年了，龙龙的姨奶奶来到他家，奶奶提前告知了龙龙要有礼貌，所以姨奶奶一进门，5岁的龙龙便主动问好，姨奶奶直夸龙龙是个有礼貌的好孩子。不久到了中午吃饭的时候，饭桌上爷爷给龙龙夹了块牛肉，龙龙习惯性地说了句："谢谢爷爷。"不一会儿，奶奶需要一个勺子，让龙龙帮忙拿过来，并附上一句："谢谢龙龙。"姨奶奶这顿饭吃得好不自在，饭后对奶奶表达了不解，一家人用得着这么客气吗？奶奶笑了笑说："礼貌不是客气，对自己家人都没有礼貌，对外人会有礼貌吗？礼貌是一种习惯。"

【专家点评】

礼貌待人能反映出一个人的品德和教养，是一个人最重要的"名片"，但是个人礼貌并非一朝一夕能养成，而需要长辈们在孩子成长过程中言传身教，不断地进行潜移默化的影响。

一些祖父母们在与孙辈相处时，常常因为祖孙间感情过于深厚，而对孙辈的一些"无礼行为"过度包容，长久以往最终导致孙辈形成了一些不良习惯。聪明的祖父母们则会从自身做起，以身作则，经常在生活中使用礼貌用语，使孙辈耳濡目染，在无形中养成了良好的习惯。

同时，祖父母们还应注意观察孙辈的行为，对孙辈的不良行为及时予以纠正，必要时给予一定的惩罚，让孙辈意识到礼貌的重要性。

问题28 如何引导孙辈对人尊重

【招数】尊重孙辈的游戏，己所不欲勿施于人。

【解招拆招】

爷爷奶奶给4岁的小雪设计了一个游戏，叫作“己所不欲勿施于人”。小雪听到要玩游戏很是开心，但是不太理解游戏名字的意思。奶奶说：“简单来说，就是你不喜欢做的事，也不要强加给别人来做。或者说，你希望别人怎样对待你，你就要怎样对待别人。”爷爷补充道：“游戏规则是这样的，一个人背一首自己背得最熟练的古诗，其他人可以选择干扰或者认真听。如果你选择干扰，那么在你背诗的时候别人也会干扰你；如果你选择认真听，那么在你背诗的时候别人也会认真听。最后说出你的感受。完成了这三个步骤就可以得到一块巧克力。”经过这个游戏，小雪发现干扰别人的时候很开心，有种恶作剧的感觉，但是被别人打断和插话的时候却很不高兴，还是互相尊重的感觉更好。

【专家点评】

在孙辈成长的过程中，出于拳拳爱心，祖父母们常常想要包办孙辈生活中的所有细节，从而导致孙辈慢慢变得不知尊卑长幼，更不懂得尊重他人。

所以，祖父母们在教孙辈学会尊重时，首先要给孙辈自我选择的尝试，让孙辈试着去学习如何做决定，千万不要包揽孙辈生活的一切，使孙辈失去做主的能力。

此外，祖父母们也要注意培养孙辈的同理心，学会换位思考，能够理解别人的想法和情绪，想想自己如果是对方会有怎样的感觉。切忌一味地说教和训斥，这样只会让孙辈感到惧怕，而不是发自内心地尊重他人。

问题29　如何引导孙辈学会欣赏他人

【招数】长辈平时多赞美，真诚教育很重要。

【解招拆招】

小阳的妈妈给奶奶买了一件新衣服，那件衣服很适合奶奶，颜色淡雅不花哨，版型合身，质量也不错。奶奶美滋滋地穿着新衣服出门买菜了，留下爷爷和小阳在家。爷爷问小阳："你觉得奶奶今天的衣服好看吗？"小阳回答道："嗯，好看。""那等奶奶回来后你对她说一句'奶奶你今天的衣服真好看'，她一高兴可能就给你做好吃的了！"爷爷给小阳支招。小阳照做了，果然奶奶听了喜笑颜开，开心的奶奶给小阳做了他最爱吃的红烧肉。

【专家点评】

每个人都喜欢听到别人的赞美，恰当的赞美不仅可以让自己看到并学到他人的优点，也会拉近双方的距离。孩子们不缺乏发现美的眼睛，但可能比较缺乏表达美的技巧。

对于家长，孙辈可能不好意思用语言表达赞美；对于同龄人，即使知道别人某方面比自己好，因为较强的自尊心，也不懂得如何去欣赏，反而会产生自卑和嫉妒的感觉。

因此，祖父母们在和孙辈相处时，可以从家庭生活的小细节入手，引导孙辈慢慢赞美他人。首先，可以先从家人开始，指导孙辈在某些生活细节上夸赞父母或者老伴儿，待孙辈尝到"甜头"后，再鼓励孙辈赞美他人。

问题30　如何引导孙辈懂得分享

【招数】拒绝溺爱和特殊化，让孙辈拥有一颗平常心。

【解招拆招】

3岁的小杰最爱吃巧克力，小杰的爸爸前几天去外地出差给小杰带回来一盒进口巧克力。小杰高兴地马上拆开吃了一块，奶奶见状就把剩下的巧克力拿走，准备藏起来，机灵的小杰注意到马上问："奶奶你干吗？那是爸爸带给我的巧克力。"奶奶说："爸爸是带给你的，也是带给我们的呀，我们都可以吃。而且，巧克力吃多了牙会疼，我们不能一个人多吃，最好每个人每天最多吃一块。所以，这么多巧克力，我们明天带到幼儿园分给其他小朋友一些吧！对了，上次小美还把她妈妈做的蛋挞分给大家吃了，后来好多小朋友都说她妈妈做的蛋挞可好吃了。"

【专家点评】

在儿童成长中，分享是十分重要的一课。学会分享不仅可以帮助儿童结识朋友，得到玩伴的信任，还可以让儿童在与玩伴的玩耍过程中，提升语言表达和交流能力。最重要的是，通过不断地分享和社会交往活动，可以帮助儿童学会与他人相处的方式方法。有科学研究显示，分享行为较为突出的儿童，能更好地解决交往中所遇到的问题。

因此，让孙辈懂得分享是隔代教育中的一个大难题。很多祖父母们把孙辈视为掌中宝，一味迁就，最终让孙辈变得以自我为中心，不会分享。

祖父母们想要让孙辈学会分享，首先要打破孙辈以自我为中心的思想，让他们懂得分享行为的意义。可以通过讲故事的形式，启发孩子明白道理，让孙辈意识到，要做好一件事情，必须依靠大家共同的力量。而生活中的很多物品都是大家共同拥有的，每个成员都有使用和支配的权利。

同时，对于孙辈正向的、主动的分享行为，一定要实施非语言的正强化，一朵小红花、一颗五角星对于孙辈都有着非常重要的导向作用。通过与孙辈父母、学校老师的共同合作，最终帮助孙辈养成懂得分享、乐于助人的优良品质。

问题31　如何引导孙辈学会拒绝

【招数】不让友情成为负担，学会巧妙地说不。

【解招拆招】

4岁的珮珮上学一年多了，在幼儿园里交了不少新朋友，每天去幼儿园都高高兴兴的，但最近爷爷奶奶却发现珮珮总是找一些借口不想去幼儿园。在了解情况后，才知道原因在于珮珮的好朋友天天，她总是让珮珮帮忙做老师布置的手工或者画画等任务，珮珮也不好意思拒绝。因为没有办法在规定的时间内完成两份任务，所以自己的任务也总是完成得不好，这让珮珮很沮丧。爷爷奶奶告诉珮珮要学会委婉地拒绝，要看看天天的要求合不合理，也要看看自己是不是能完成，像这种情况可以直接说："我每次都完不成自己的，你如果不会的话，可以让老师来帮助你呀。"

【专家点评】

学会拒绝是人际交往中不可缺少的技能。因为人的精力总是有限的，为了表现友善而一味地接受超越自己能力范围之内的事情，只会把自己搞得疲惫不堪甚至难以收场。

孙辈在和同龄人的交往中，为了获得优越感及同龄人的认可，常常不知道如何做出恰当的判断。这时祖父母们可以结合自己的人生经验，通过讲小故事的方式，告诉孙辈诚实表达自我观点的重要性，学会如何礼貌地拒绝别人，使孙辈避免不必要的麻烦和受到伤害。

礼貌的拒绝方式有很多，但最重要的还是要教会孙辈态度平和且友善地说出自己的想法，学会更加平等地与人沟通。

问题32　如何培养孙辈诚实守信

【招数】言传身教做榜样，合理分析言行不一的原因。

【解招拆招】

3岁的楠楠最近在学背古诗，爷爷为了激励楠楠主动学习，和楠楠玩了一个小游戏，承诺楠楠要是能在一小时内背完一首古诗，就给楠楠买冰淇淋吃。楠楠听后非常开心，立刻开始专心背古诗，不用五分钟就背完了一首。爷爷看楠楠这么轻易地完成了任务，想反悔再让楠楠多背几首。奶奶知道后制止了爷爷的做法，并说："身为长辈就应该信守承诺、言出必行，既然楠楠完成了任务，那爷爷奶奶就请楠楠吃冰淇淋吧！"

【专家点评】

诚实守信既是中华民族的优良传统，也是为人处世不可或缺的美德，它要求人们做到"言行合一"，待人以诚。但是在儿童成长过程中，常常会出现"言行不一"的问题。从心理发展的角度看，这不一定都是儿童的道德问题，儿童道德发展从他律到自律需要一个过程，需要榜样示范。

因此，祖父母们在和孙辈相处中，应以身作则，言传身教，不当孙辈的面说谎，做错了事及时承认自己的错误，让孙辈明白是非曲直；不要为了哄孙辈而随意许下承诺，许下承诺后就要做到言而有信。

如果发现孙辈有言行不一的行为，切忌采取命令、威胁和恫吓的方式去制止，而是要多与孙辈沟通，了解其内心需求，观察其真实处境，分析其行为的真正原因，寻找合适的时机再进行诚信教育。

问题33　为何要给孙辈一个合适的发型

【招数】让合适的发型为孙辈增加社交资本。

【解招拆招】

小阳马上就6岁了，他性格有些内向，每次出门和小朋友玩时，总有点害羞，不太爱说话，常常被其他小朋友所指挥。爷爷奶奶想了很多办法，希望能让小阳开朗一些，但是并没有见到什么成效。有一天，小阳无意中指着电视里的人说了一句话："那个人和壮壮的发型一样，挺帅的。"奶奶一听便明白了，壮壮是小区里的孩子王，很多小朋友都喜欢跟着他一起玩，原来孙子还是羡慕人家受欢迎呀。第二天，奶奶便根据小阳的喜好给他换了发型，小阳看上去立马精神了许多。果然，小阳的新发型受到了小朋友及其家长的好评，小阳因此比之前开朗了不少。

【专家点评】

发型直接影响着一个人的精神面貌，通过发型可以看出一个人的生活习惯和个性特点，对于人的自信心的树立有益。祖父母们在为孙辈打理发型时，除了保证干净整洁外，也可以根据孙辈的外形特征为其选择合适的发型。

对于孙辈而言，一个合适的发型可能会使他得到外人的称赞，从而大幅提升自信心。额头较高的孙辈可用刘海来修饰，内向孙辈的发型可以稍稍花哨一点以引起别人的关注。在某些重要的日子里可以适当调整孙辈的发型，使之更加精致，让孙辈意识到该日与平时不同，从而在心理上更加珍视。

问题34　孙辈的服装要讲究吗

【招数】用整洁、合适的服装增加孙辈风采。

【解招拆招】

小阳的爷爷节俭惯了，总是穿着那几套衣服，颜色十分单调。每次看到小阳的父母给小阳买新衣服都会啰唆两句："衣服够穿就行，就知道浪费钱……你看你们买的都是些什么呀，男孩能穿这么鲜艳的颜色吗？"小阳的奶奶知道老伴儿顽固守旧，特意带上老伴儿和小孙子去某购物中心观看了一场少儿走秀大赛。爷爷看到舞台上光鲜亮丽的小朋友不禁感慨，自己的观念是该改改了……

【专家点评】

无论是成年人还是儿童，给人的第一印象十分重要，并且会在很大程度上影响他人对自己的态度和行为。"人靠衣装，佛靠金装。"孩子的衣着不仅影响着他的人际交往机会，也反映出家长的品味。

祖父母们出于实用耐穿等目的，常常给孙辈选择一些布料结实、防尘耐脏的衣物。这样的选择当然无可厚非，但若是孙辈所有的衣服都固守成规，忽视其特有的审美需求，会对孙辈的社交形象塑造不利。

祖父母们可以通过手机、电视、网络等媒介，了解当代审美的多样性，接纳新的审美观念；还可以听取孩子父母的意见，观察其他同龄孩子的着装，在保证孙辈衣物整洁舒适的基础上，适度讲究色彩搭配和量体裁衣，不铺张浪费，也不过度单一。

问题35　为何要教孙辈学会眼神交流

【招数】眼睛是“心灵之窗”，让孙辈学会用眼神表达态度。

【解招拆招】

爷爷奶奶发现最近小美好像和自己疏远了，每次和小美说话的时候她总是盯着自己的手，或者看向其他地方。后来爷爷奶奶发现，小美和其他小朋友一起玩的时候也是如此。他们问了小美这个问题，小美回答道：“别人和我说话的时候，一直看着我的眼睛，我觉得很难受。”爷爷奶奶明白了，孙辈的话外音就是：我被别人盯得难受，所以别人说话的时候，我也不看他。于是，爷爷奶奶就告诉小美：“别人看着你说话，是因为他喜欢你，尊重你，不必害怕别人的眼神。如果别人说话的时候你不看着他，他就不知道你是不是真心想和他聊天。真诚地看着对方说话，你会感觉很棒的。”

【专家点评】

眼睛是心灵的窗户，儿童的眼睛格外纯净明亮。这个时候祖父母们可以教导孙辈理解眼睛的作用，以及如何使用眼神来交流。比如在和别人交流时，眼睛看着对方，不躲闪，也不盯着不放，眼光多停留在对方脸部，这样别人会感到舒服、自然。

通过对这些小技巧的学习，不仅可以让孙辈通过眼神及面部表情在与人交往时表现自己的自信、大方，也可以让孙辈在友善的人际关系中逐步建立自信、自尊，打开心扉，做敞亮的人。

问题36 为何要教会孙辈甜甜地微笑

【招数】用微笑传递友好，用友好带来愉悦。

【解招拆招】

今天笑笑家来了客人，是爷爷的老同事。老同事给4岁的笑笑带了一个和笑笑个子差不多高的玩偶，笑笑可喜欢了，抱着玩偶不肯撒手。爷爷见状说："这个玩具真可爱，快对爷爷说声谢谢呀！"笑笑带着点羞涩的微笑对爷爷的老同事说："谢谢爷爷！"老同事连忙回应说："这孩子笑起来真可爱，这玩具没白买！"等老同事离开家后，爷爷对笑笑说："笑笑，当初给你起名字的时候，就是因为你笑的时候很好看。大家都特别喜欢爱笑的人，以后要常常对他人微笑哦。"

【专家点评】

微笑是人际交往中的利器，微笑会使人感到亲切，会拉近人与人之间的距离，温暖人心。祖辈们经常对孙辈微笑，会让孙辈感受到爱与安全。

孙辈的笑容是最天真灿烂的，让人感受到舒适和美好。祖辈们要多鼓励孙辈展现笑容，因为微笑不仅对于孙辈的心理健康十分重要，对于孙辈的生理健康也会产生不可或缺的影响。鼓励孙辈多多微笑，可以让孙辈的身体更加强健。

微笑被运动医学专家誉为“器官体操”，这一说法并非夸大其词。人在微笑的时候不仅面部表情肌运动，而且胸部与腹部肌群都参与共振，既活动了肌肉、骨骼与关节，又对多种内脏器官起到“按摩”与“锻炼”的作用，因此爱笑的孩子身体会更加强健。

问题37 如何引导孙辈守规矩

【招数】立规矩，守规矩，规则意识从小养起。

【解招拆招】

公园里，小朋友们都在排着队等待荡秋千，这时，刚来的小明推开了前面的小伙伴，喊着："我要先玩儿，让我先来。"小明的奶奶立即上前拉住他，并把他带到人少的地方，对他说："小明，奶奶知道你想玩秋千，可是玩之前一定要先排队。你想想，如果小朋友们都不排队，挤成一团，大家就都没法玩了。你看奶奶在超市买完东西付钱的时候，是不是去排队的啊？奶奶希望你一会儿也能排好队，奶奶就在边上等着你，好吗？"虽然小明还是很着急，但是因为奶奶在一旁监督，于是老老实实地开始排队。

【专家点评】

孙辈在公共场合大声吵闹、不排队，这些都是没有建立好规矩的表现。俗话说："没有规矩不成方圆。"给孙辈建立规矩，不仅可以让他拥有良好的行为习惯，还可以让他更融洽地与人交往。

在日常教育中，祖父母们首先要做的是给孙辈立下"规矩"，告诉他什么能做，什么不能做，比如不能插队、不能骂人等。当然，在这一过程中，祖父母们也要给孙辈树立好的榜样，只有长辈以身作则，规矩才能立得牢。

其次，祖父母们也要在日常教育中，告诉孙辈为什么要这样做。既要知其然，也要知其所以然。只有让孙辈知道这些行为规范背后的原因和影响，他们才有可能长久地遵守规则。

问题38　如何应对孙辈“怕生”

【招数】与不同年龄段的人多接触，让孙辈感受到他人的友好。

【解招拆招】

游乐场里，朋朋一个人在玩滑梯，突然来了两个不认识的哥哥姐姐也想加入，朋朋吓得哇哇大哭，闹着要回家。朋朋的姥姥赶紧上前抱住他，安抚好朋朋的情绪后告诉他：“朋朋，这是哥哥姐姐，他们可以和你一起玩，姥姥也会在身边一直陪着你的。”说完姥姥就一边安抚朋朋的情绪，一边带着朋朋站在旁边看哥哥姐姐玩，等朋朋没那么害怕了以后，再带着朋朋去接触哥哥姐姐，很快三个孩子就玩到了一起。

【专家点评】

和不同年龄段的儿童打交道，是儿童社会化的有益途径。

如果孙辈害怕结识不同年龄段的儿童，祖父母们要循序渐进地引导，不能强迫。如果祖父母们不顾孙辈的意愿和反抗，硬把孙辈塞给不认识的哥哥姐姐一起玩，不仅不会消除孙辈怕生的感觉，还会让孙辈更加害怕跟人打交道，对孙辈的成长不利。

在孙辈不排斥的情况下，祖父母们要多带孙辈接触不同的人，不要因为害怕孙辈受伤就总是让孙辈一个人在家玩。可以先带孙辈和同龄人玩，再慢慢带他和更多的人接触，让他知道大多数人都是友好的。在不断扩展与他人的交往中，培养孙辈的社交技能。

问题39 如何应对孙辈霸道对待同龄人

【招数】及时正确地引导，不要无原则地溺爱。

【解招拆招】

花花和奶奶下楼去玩，看到一个小妹妹正在骑滑板车，花花冲上前去推开小妹妹，抢过她的滑板车就骑走了。奶奶赶紧追上去，抓住滑板车迫使花花停下来，并让花花把滑板车还给小妹妹，花花不仅不同意还号啕大哭起来。奶奶等花花哭声小一些后对花花说："花花，这个滑板车是小妹妹的，你这样不经过妹妹允许就直接抢走是不对的。如果你要玩妹妹的滑板车，我们可以和妹妹商量，让妹妹玩你的玩具，你玩妹妹的滑板车，好吗？"经过奶奶的耐心引导，花花终于停止了哭泣并向小妹妹礼貌地表达了自己的请求。

【专家点评】

孙辈霸道强势多是由于后天因素影响形成的，比如大人的溺爱或纵容等。单纯地认为孩子霸道就是性格使然，其实是大人对自己缺乏教育方法的一种"甩锅"。

在隔代教育中，如果孙辈出现此类霸道的情况，祖父母们一定要及时制止，并告诉他霸道强势是不受欢迎的行为。

有的祖父母们偶尔会在孙辈的大声哭闹之下，放弃自己原本的立场，但这样做只能改善一时的境况，长久以往，反而更加助长了孙辈的强势和霸道，并让孙辈渐渐放任自己成为一个无理取闹的人。

因此，当孙辈提出无礼要求时，祖父母们可以先转移他的注意力，事后再找合适的机会进行耐心的引导，用鼓励强化孙辈的良好行为。

问题40　如何引导孙辈选择朋友

【招数】尊重孙辈的选择，给予空间，鼓励多尝试。

【解招拆招】

童童的幼儿园同学小天，是一个长得很高很壮的小男生，因为都住在一个小区，所以他们俩经常一起玩儿。但是小天在幼儿园里老是欺负童童，童童胆小，不敢反抗也不敢和家人说，更害怕失去小天。他渐渐变得不爱说话，也不愿出门，甚至不愿去上幼儿园。爷爷发现童童的变化后，决定先弄清楚原因。一次，爷爷给童童买了他最爱吃的棒棒糖，并问道："童童，最近遇到什么不开心的事情了？可以和爷爷说一说吗？说不定爷爷有办法帮你解决哦！"童童把小天欺负他的事情告诉了爷爷，爷爷先问童童："小天欺负你，你还想和他继续做朋友吗？"童童点了点头。于是，爷爷又告诉童童："小天欺负你是不对的，因为真正的朋友应该互相谦让。你要告诉他如果他再欺负你，你就要去告诉老师，让老师批评他。或者你可以找其他小朋友玩，大家都非常喜欢你。有了新朋友，他们也可以在你受欺负的时候帮助你啊，你要不要试一试？"

【专家点评】

"有了朋友，生活才显出它全部的价值。"朋友对孙辈成长的重要性不言而喻。祖父母们应该给孙辈多创造交朋友的环境，比如多带孙辈去公园、去游乐场，增加孙辈接触小伙伴的机会，鼓励孙辈去结交不同的朋友，引导孙辈结交有礼貌的朋友。

当然，孩子间的交往总会伴随着各种摩擦和争执，面对孩子间的矛盾冲突，祖父母们首先要弄清原因，并引导他们学会自己处理这些问题。

如果孙辈无法自己处理这些问题，甚至这些问题已经严重影响到他的情绪和与他人的交往，祖父母们须及时出手干预。干预时不要采取简单粗暴的"报复"手段，而是要引导孙辈看清交往中的问题所在，给予他勇气和安全感，理性地解决问题，为孩子树立良好的榜样。

问题41　如何应对孙辈内向不合群

【招数】制造合适的交友机会，从熟悉的小伙伴开始。

【解招拆招】

晓阳是个内向的孙辈。小时候因为身体不好，大人很少带他出门玩耍，也不太与陌生人接触。马上就要上小学的晓阳和老师同学们交流时，从来不主动打招呼，也不爱参加集体活动，这让晓阳的爸爸妈妈担心不已，害怕晓阳上了小学后会被人孤立或欺负。

晓阳姥爷是个开朗外向的人，知道了这件事后，就说他来帮助晓阳。于是，姥爷开始没事就带晓阳去小区或公园玩耍，如果晓阳不愿意出门，姥爷就会邀请晓阳熟悉的小伙伴到家里来玩，让晓阳分享玩具或食物给他们，并且经常当着大家的面表扬晓阳。渐渐地，晓阳不那么内向了，偶尔也会开口和小伙伴说话。姥爷后来还主动约附近相熟的孩子，让晓阳和小伙伴结伴上学、放学。慢慢地，晓阳的胆子变大了，会主动和小伙伴们打招呼了。

【专家点评】

孙辈内向不合群，不肯跟别的小朋友一起玩，有可能源于他的性格比较内向，也有可能出于自我保护的本能。对待这样的孙辈，祖父母们首先应该明白一点——内向不是问题，不要急于改变孙辈的性格，应根据孙辈的喜好向他推荐玩伴，一旦和玩伴玩熟，他们自然就会结伴。

对于羞涩胆怯却有交友意愿的孙辈来说，开朗的祖父母们可以在自己外出社交时带上孙辈一起，让孙辈先学着在熟悉的环境中社交，等到孙辈完全适应后再不断扩大孙辈的社交范围。

问题42　如何引导孙辈和同龄人合作

【招数】参加多人游戏，在快乐中学习合作。

【解招拆招】

燕子今年3岁，刚上幼儿园，常和小伙伴争抢玩具，自己玩的玩具也不愿意和其他小伙伴分享。老师在课堂上让小伙伴一起做手工的时候，燕子为了获得老师的表扬，不愿意和小伙伴一起做手工，总是自己一个人去完成，时间长了，小伙伴就不找她一起玩了。奶奶知道以后，时常留心在平时的生活中让燕子帮忙做一些力所能及的家务，比如饭后收拾桌子、倒垃圾，并且夸奖她："燕子，谢谢你！都是因为你和奶奶一起做家务，奶奶做事特别快而且还不累呢。"在外玩耍的时候，奶奶会让燕子和小伙伴互相交换玩具或食物，也会邀请小伙伴到家里来和燕子一起画画、剪纸，并告诉他们如何合作完成。慢慢地，燕子体会到了与人合作的快乐。

【专家点评】

个人的能力是有限的，在社会生活中，我们常常需要和他人合作才能完成任务或战胜困难，因此注重培养孩子的合作意识与能力，是教育中不可缺少的一项内容。

培养合作的方式有很多，例如设计众人参与的游戏，讲述艺术作品中合作完成任务的成功案例，巧妙地分享一些合作的方法，等等。

不用担心孙辈一时半会儿的不佳表现，可以先尝试留给孙辈足够的时间和空间，慢慢感受合作的成果，体验合作的快乐，从而在潜移默化中学会与人合作。

问题43　如何引导孙辈乐于助人

【招数】示范同理心，关心他人从点滴开始。

【解招拆招】

爷爷带七七下楼去玩，刚走了几步就看到一个小弟弟在号啕大哭，身边也没有大人。爷爷问七七："我们要不要去看看弟弟发生了什么事？"七七有点害羞地说："我不要去，我又不认识他。"爷爷对七七说："你看那个小弟弟多可怜啊，他的爸爸妈妈也不在身边，他一定是遇到了什么事情，我们一起去帮助他好吗？"七七在爷爷的再三鼓励下，终于鼓起勇气主动上前帮助了那位小弟弟。

【专家点评】

儿童的助人行为较少，大概可以归结为以下三种原因：① 缺乏同理心，没有产生助人的想法；② 产生了助人的想法却不好意思行动；③ 产生了助人的想法却不知道该如何行动（没有能力帮助）。

同理心，泛指心理换位、将心比心，亦指设身处地地对他人情绪的觉知、把握与理解。一个人一旦具备了同理心，就容易获得他人的信任。

祖父母们在和家人相处时，要时常站在对方的角度思考，倾听他人的感受，这是同理心训练的最好示范。

平时可以主动"请求"孙辈的帮助。在家中，大多事情都由祖父母们完成，有些时候孙辈还未开口求助，祖父母们就已经把事情做好了，而祖父母们却因为种种原因很少要求孙辈帮忙。长此以往，孙辈就会缺乏关心他人、帮助他人的意识。祖父母们的小请求，有时会让孙辈感到自己是被需要的人，这对帮助行为的养成非常有益。从帮助家人慢慢过渡到帮助其他人，从而使孙辈渐渐养成乐于助人的品德。

问题44 如何引导孙辈化解与同龄人的矛盾

【招数】帮助孙辈直面原因，鼓励“一起”化解矛盾。

【解招拆招】

小苹果穿着妈妈刚买的新裙子，拿着新买的仙女棒，下楼找小伙伴玩。几个小伙伴看到小苹果的仙女棒羡慕得不得了，纷纷央求小苹果能让她们玩一玩。小苹果大方地拿给了她们，没想到两个小伙伴在争抢的过程中把仙女棒弄坏了，气得小苹果大哭起来，叫喊着再也不和小伙伴玩了。小伙伴给她道歉后，她还是不依不饶，这下小伙伴也生气了。姥姥见状，连忙抱着小苹果安慰她：“小苹果，姥姥知道仙女棒坏了你很伤心，可是小朋友也不是故意要把它弄坏的，她们是没拿稳不小心掉在地上才摔坏的，东西坏了她们也和你一样伤心，她们已经给你道过歉了，你能原谅她们吗？你们还可以一起想办法把它修好哦！”

【专家点评】

儿童在交往中发生矛盾是很正常的事，祖父母们要瞅准机会，帮助孙辈直面原因，不回避、不干涉，用“你们一起想办法”鼓励孙辈和同伴共同化解不快。

同伴关系，是指年龄相同或者相近的儿童之间的一种共同并相互协作的关系。同伴关系是人际交往的重要组成部分，通过同伴交往所形成的同伴关系与同伴经验，给予儿童安全感和归属感，有利于儿童自我意识的发展，建设性的同伴相互交往有助于提高儿童的社交技能。

问题45　如何引导孙辈悦纳父母

【招数】不仅要多夸孙辈，更要多夸孙辈的父母。

【解招拆招】

早晨，小阳的奶奶说中午给小阳做他最爱吃的牛蛙，可把小阳高兴坏了，他睁着一双大眼睛跟了奶奶一上午，看着她处理和烹饪牛蛙。终于等到了牛蛙出锅，小阳迫不及待地尝了一口，边吃边对奶奶说："谢谢奶奶，好吃！"，奶奶说："好吃就行，你真像你爸，你爸小的时候也特别有礼貌，别人都夸他是好孩子，你也是个有礼貌的乖孩子。不过你爸妈每次都把最好吃的东西留给你，你是不是也应该给他们留些啊。"

【专家点评】

祖父母们需要理解已为人父母的儿女在家庭教育中的重要角色。父母对孩子的影响是直接且重要的，因此父母应该是家庭教育的主角，祖父母们应该最大限度地配合孙辈的父母进行家庭教育。

在孙辈面前，祖父母们最好多称赞孙辈的父母，以在孙辈心中树立父母良好的形象，使孙辈学习和尊敬父母。切记不能当着孙辈的面批评其父母，这样会使父母丧失威严，也容易让孙辈“鹦鹉学舌”——学着祖父母的样子教训自己的父母，出现“没大没小”的现象。

当然，如果出现父母当着孙辈的面顶撞自己的特殊情况，祖父母们一定要适度给予批评，使父母接受并改正，给孙辈树立榜样。

问题46　如何引导孙辈感恩长辈

【招数】教导孙辈懂得感恩，也要给孙辈感恩的机会。

【解招拆招】

壮壮是个刚满8岁的淘气男生，特别喜欢出门和小朋友一起玩耍，每天都把自己搞得灰头土脸的，有时一天需要换两次衣服。奶奶腰部受过伤，洗衣的事壮壮妈妈就担当了起来。奶奶看累了一天的媳妇下班还得做那么多家务，便想了一个主意。这天她给壮壮换完衣服，对壮壮说："我听你朋友天天的奶奶说，他会自己洗衣服了，你也尝试一下吧，咱不输给他！"壮壮愉快地答应了。奶奶故意让壮壮用手洗一件比较脏的衣服，壮壮花了很大的功夫也没洗干净。壮壮这下明白了妈妈的辛苦，对妈妈说："谢谢妈妈对我的照顾！"因此，壮壮也开始注意保持自己衣服的整洁了。

【专家点评】

感恩不仅是个人非常重要的品质，也是个人修养的体现。对于孩子来说，学会感恩不仅是在塑造自身的同理心，也是在延续一种中华传统美德。

身为长辈，祖父母们不仅要告诉孙辈应该感恩，更要给孙辈实践感恩的机会。可以让孙辈尝试做一些简单的家务，比如洗袜子、整理物品、叠衣服、扫地等，使他体会到家长的辛苦和劳累，在实践的过程中学会感恩。切不可因为溺爱孙辈，养成他衣来伸手饭来张口的毛病，错把别人的付出当成理所当然。

问题47　如何引导孙辈正确面对父母的批评

【招数】引导孙辈分清是非，必要时介入调解。

【解招拆招】

周末，小阳一跨进爷爷奶奶的家，奶奶就发现小阳的眼睛肿肿的，一看就是刚大哭了一场。奶奶很是奇怪，就问送他来的小阳爸爸，爸爸忙着有急事，没来得及细说。爷爷打电话给小阳妈妈，才搞清楚事情的原委。原来小阳不小心把爸爸妈妈的结婚纪念品打碎了，那个纪念品是特意定制的，非常珍贵。小阳不知道礼物的重要性，还顶撞了妈妈，爸爸一怒之下打了小阳的屁股。弄清原委后，奶奶语重心长地对小阳说："你打碎的东西对于你爸妈来说很重要，就像你最爱的恐龙玩具一样，妈妈生气批评你，是有道理的。奶奶希望咱们的小阳不怕犯错，更不怕批评，做勇敢的小阳。"

【专家点评】

家庭中好的教育默契是爷爷奶奶、爸爸妈妈都能保持教育原则的一致性。

遇到孙辈被父母教训的情况，祖父母们一定要询问清楚事件始末，不要只听一方的说辞，更不要把孙辈当成掌中宝而怒斥父母，这样会折损父母在孙辈面前的权威性，养成孙辈任性骄蛮的性格。当然，也不能让孙辈过于谦卑，以至于惧怕父母。

祖父母们最好发挥桥梁纽带的作用，一方面引导年幼的孙辈理解父母，另一方面也要教育年轻父母需育儿有方，向他们传授有用的育儿经验，从而使父母与孩子能平和有爱地沟通与交流。

问题48　如何培养孙辈学会道歉

【招数】好心办错事，也要说“对不起”。

【解招拆招】

这天，奶奶在厨房做饭，爷爷在和蛋蛋画画的时候不小心把颜料洒在奶奶刚洗好的桌布上，蛋蛋尝试着拿纸巾擦掉颜色，结果越擦越脏，洁白的桌布变成了一块颜料板。蛋蛋害怕奶奶看到了会生气，急出了眼泪，爷爷想了一会儿，然后对蛋蛋说：“这件事是我的错，是我不小心把颜料洒在了上面，我得跟奶奶道歉！蛋蛋你虽然是好心，但是却把桌布搞得比原来还脏，也是有错的，也要跟奶奶道歉。放心，我的错更多，奶奶不会骂你的。”之后，爷爷主动向奶奶道歉，蛋蛋看到爷爷道歉也鼓起勇气有模有样地向奶奶说了声“对不起”。奶奶听后非但没有生气，反而夸奖蛋蛋诚实，中午吃饭时特意给蛋蛋加了一个鸡腿。饭后，爷爷和蛋蛋一起洗净了桌布。

【专家点评】

家人之间因为熟悉，常常认为道歉是多此一举的，有些长辈甚至会认为给别人道歉是一件丢面子的事，这种家庭里的孩子会耻于说“对不起”。

对于年幼的孙辈来说，有时他自知做了错事，却因害怕长辈们对他失望或者给予惩罚，会不愿意说“对不起”。

如果祖父母们在日常生活中，经常把“对不起”“不好意思”“是我的错”等话语挂在嘴边，孙辈就会耳濡目染，学会道歉。即便当着晚辈的面，哪怕是好心办错事，祖父母们也要坦诚地说一句“对不起”，这时友善的气氛就会扑面而来。

问题49　如何引导孙辈换位思考

【招数】让孙辈站在长辈的角度判断利弊。

【解招拆招】

一天，美美兴高采烈地来到爷爷奶奶的家，掏出了一个精致的盒子，爷爷看到后就问那是什么，美美笑着说："这是爸爸出差带回来的酒心巧克力，可好吃啦！老师教我们要学会分享，我第一个就想到要给您尝尝。"爷爷一听乐开了花，直夸小美懂事，在孙女期待的眼神中一口气吃了两颗巧克力。奶奶知道后却很生气，原来爷爷有糖尿病，不能吃含糖很高的食物。奶奶对小美说："美美拿到好吃的知道分享给我们，可真懂事！但是爷爷他有糖尿病，不能吃太甜的东西，为了爷爷的健康，下次你要和我一起监督爷爷哦！"

【专家点评】

有的时候祖父母们为了教孩子懂得体谅孝顺，或者为了哄孩子开心，会故意去接受孩子不合理的赠予，结果往往是祖父母们身体遭罪，或者孩子弄巧成拙，最后还得祖父母们自己善后。

孙辈懂得感恩长辈、学会分享固然是美好的品德，但是真正的体谅应是设身处地地为他人着想。祖父母们在教育孩子的时候，不能一味站在孩子的角度，在肯定孩子善意后，也要学会坦诚相告自己的想法或难处。身体上的疼痛、家庭的困难，祖父母们都可以经常说给孙辈听，孙辈虽未必能完全理解大人世界的酸甜苦辣，但会在这一过程中试着学习站在对方的角度判断利弊。

问题50　如何拉近祖孙间的关系

【招数】关注新事物，寻找祖孙共同的话题。

【解招拆招】

“放假到奶奶家来玩好吗？我装了WiFi。”

南南是李奶奶老两口一手带大的。南南一出生，爷爷奶奶就围着南南忙前忙后，从上幼儿园起一直到小学毕业，南南的整个童年都是在爷爷奶奶的家里度过的。去年暑假，南南也过来住了几天。可没多久，奶奶就发现南南和以前不一样了，不但不再给他们讲学校里的新鲜事，晚上也不陪他们看电视了，而是整天抱着手机玩。奶奶心里有些失落。奶奶还发现，南南特别喜欢往邻居家里跑，还说“人家有WiFi”，这让她听得一头雾水。经过打听，奶奶才知道，这是一种可以让手机上网的无线设备。为了让南南愿意过来，爷爷奶奶决定，不管自己会不会，家里也要装WiFi。

【专家点评】

现在大部分的家庭结构都在发生改变，三代同堂的情况越来越少，这导致家庭间的人际联系已经不像以前那么紧密了。

随着年龄的增大，孙辈知道的东西越来越多，而祖父母们对于新鲜事物接受起来则有难度，祖孙之间的共同语言越来越少。以前孙辈喜欢去祖父母家，很大程度上是因为比待在父母身边更加自由。由于祖父母们的宠爱，他们能够更加自由地看电视、吃糖或是做自己想做的事情。

因此，随着孙辈长大成人，祖父母们以前围绕孙辈和柴米油盐的生活方式也应该发生改变，一方面应把感情和时间更多地投入到与自己的老年朋友交往或是娱乐活动中，过好自己的生活，另一方面主动寻找和孙辈共同喜欢的话题。

问题51　如何引导孙辈正确面对熟人

【招数】客气有礼，远近有度。

【解招拆招】

这天，爷爷骑着电动三轮车去幼儿园接5岁的圆圆放学回家。爷爷刚刚把圆圆从幼儿园带出来，骑上电动三轮车不一会儿，电动三轮车就坏了，爷爷站在路边直发愁。这时，有辆汽车在爷爷身边停了下来，等车窗摇下来，他们看到，里面竟然是圆圆爸爸的同学小王。小王和圆圆爸爸不仅是同学，也是同事，来家里拜访过几次，和圆圆也很熟悉。小王提议他开车先把圆圆送回家，好让爷爷赶紧去修电动三轮车，爷爷礼貌地回绝了小王，称儿子马上就赶过来，客套地把小王打发走了。小王走后，圆圆疑惑地问道："爷爷您为什么不让王叔叔把我送回家呀？您也没给爸爸打电话呀？"爷爷回答道："我不放心他把你送回家。虽然是熟人，但毕竟没有深入了解，不知道他到底是什么样的人。记住，遇到这种事，你要先向爸妈确认，并把叔叔的车牌号告诉爸妈，才可以跟叔叔走。我们要感谢叔叔的邀约，但尽量不要单独跟别人走。"

【专家点评】

祖父母们有个观念误区，那就是陌生人是危险的，常常只告诫孙辈不要和陌生人说话，而忽略了熟人对孙辈的潜在危险。

据最高人民检察院的相关案件卷宗，熟人性侵未成年人的犯罪比例更高，且重新犯罪率高。进入现代社会，人口流动加剧，以宗族制和家族制为代表的传统熟人社会渐渐消解。因此祖父母们要转变观念，要对熟人多个"心眼"。

在日常教育中，不仅仅要教育孙辈对待熟人要有礼貌，更要加强安全教育。在孙辈5～6岁有独立社交能力时，应适时对孙辈进行一些简单的普法教育，让孙辈有一定的防范意识和鉴别能力，对熟人礼貌的同时一定也要保持适当的距离，切勿过于亲密。

问题52 如何引导孙辈正确面对陌生人

【招数】小心接触，慢慢学会分辨善恶。

【解招拆招】

奶奶和4岁的孙女小蝶在人民公园玩。小蝶喜欢吹泡泡，奶奶给她买了泡泡水。小蝶可高兴了，正好今天傍晚天气好，夕阳的金光照耀在泡泡上，映出彩虹的颜色，飘飘忽忽，好像童话世界，好不漂亮。奶奶坐在公园的长椅上，看着穿着白裙的小孙女快乐地玩耍，满脸安详。远处，一个年轻人用单反相机悄悄拍下了这一美好场景。年轻人拍好照片后，过来跟奶奶、小蝶打招呼，原来他是向杂志社供图的摄影师，希望把刚刚拍摄的照片发表，需要征得她们的同意。奶奶欣然答应，并鼓励小蝶和年轻人聊天。当年轻人提出给小蝶买一些零食或者给一些报酬的时候，奶奶让小蝶拒绝了，并对年轻人说只要告诉她们最后照片发表的杂志就好，最好能寄一本杂志到社区。年轻人爽快地答应了，愉快地跟她们告别并离开了公园。

【专家点评】

很多孩子怕生，除了性格因素外，还因为缺失“安全感”。一些孩子对外在环境比较敏感，难以相信陌生环境中的人与物。作为长辈，祖父母们首先要及时调整自身的状态，放下自己的担心、防备，让孙辈慢慢信任周围的环境。

其次，在日常教育中，切勿给孙辈灌输“陌生人都是坏人，不要和陌生人说话”等观念，这不仅可能导致孙辈性格冷漠，甚至可能影响孙辈以后正常的社交行为。

积极正面的引导对于孙辈的健康成长极为重要，毕竟在当下的社会中，大多数人都是善良且品行端正的，让孙辈懂得从善意的角度了解社会、感知他人，有利于孙辈心理健康发展。

当然，也不能放松对孙辈的安全教育，害人之心不可有，防人之心不可无。面对未知的陌生人，要教育孙辈在家人陪伴下善意接触、小心推断，慢慢学会区分善恶、明辨好坏。

第 3 编

学习助力

问题53 如何引导孙辈分辨声音

【招数】温柔的话语、好听的声音常挂耳边

【解招拆招】

刚出生不久的宝宝小明特别机灵，在听到电视机的声音时，总是不自觉地把头偏来偏去，想寻找声音的来源。听到手机或者“火火兔”放着节奏欢快的歌曲时，也特别地兴奋。奶奶在喂小明牛奶时，就不断用温柔的声音说：“明明，咱们吃奶喽。”在小明醒着的时候，奶奶就打开音响，放点节奏欢快的音乐；有时还会敲打家里的锅碗瓢盆说：“你听，这是敲碗的声音。”以此训练小明对声音的敏感度和辨识度。

【专家点评】

正常的听力是儿童进行语言学习的前提，只有听力敏感度训练到位的婴幼儿，才会比较早地开口讲话和表达。研究发现，出生不久的婴儿已经具备了一定的听力。在这一时期，如果家长有意识地对婴幼儿进行听觉刺激，婴幼儿的听觉能力就会迅速提高。

要训练婴幼儿的听力，祖父母们可以利用身边的环境，如多跟孙辈说话，念唱儿歌，播放欢快的音乐，敲击漂亮的发声玩具，也可以带孙辈出门听听大自然的声音，如鸟叫、淙淙的流水声、哗啦啦的雨声等。有益无形的听力输入，对孙辈的耳聪目明是非常好的铺垫。

为避免听力损失未被及时发现，现在常见的做法是对出生3～5天的新生儿进行听力筛查。新生儿听力筛查，是通过耳声发射、自动听性脑干反应和声阻抗等电生理学检测，在新生儿出生后自然睡眠或安静的状态下进行的客观、快速和无创的检查。国内外有报道表明，正常新生儿和高危因素新生儿听力损失发病率的差异较大，正常新生儿约为1‰～3‰，高危因素新生儿约为2%～4%。

问题54　如何引导孙辈辨识色彩

【招数】将颜色和生活用品串联起来。

【解招拆招】

2岁多的洋洋，一看到穿着鲜艳的阿姨，就表现出好奇和兴奋，眼睛睁得大大的。爷爷带他去玩海洋球，并把红色、蓝色、绿色、黄色等不同颜色的海洋球丢在各个角落，让洋洋去选，第一次只选出红色，并且不停地重复“这是红色的海洋球”“让我们来丢红色的海洋球”“把红色的海洋球捡起来”等话语，加深洋洋对红色的认识，慢慢地再以同样的方式玩蓝色、绿色、黄色等颜色的海洋球。

奶奶在准备胡萝卜、南瓜、青菜等食材时，也喊洋洋：“洋洋，你把绿色的青菜拿给奶奶。”一来一往，洋洋就能清楚辨识基本颜色了。

【专家点评】

一般情况下，儿童出生后就具备视觉感应功能。两三岁的儿童开始能够辨别基本颜色，所谓基本颜色是指红、黄、蓝、绿。但对于一些混合色如紫、橙及色度不同的粉红、大红、深红等还不能很好辨别，而且儿童学习辨别颜色和说明颜色名称不是一回事。儿童对具体颜色掌握容易，对名称掌握困难，按名称选取颜色更困难。据研究，三四岁的幼儿只有45%能按颜色名称正确选色，5～7岁也只有80%。所以，对于两三岁的儿童，只要求能正确辨别颜色即可，不要求能正确掌握颜色名称或按名称取色。

研究表明，鲜艳的颜色可以刺激婴幼儿的视觉神经发育，在婴幼儿期，给予足够的色彩刺激对促进儿童大脑发育有益。

问题55　如何引导“认生”的孙儿

【招数】多看多说，先同辈再邻居，慢慢扩展。

【解招拆招】

6个多月大的星星开始“认生”了，平时最喜欢的就是被妈妈抱着，奶奶抱着的时候也很听话，抗拒行为很少。但是当妈妈的同事抱她时，她就会将头偏向一边，如果不熟悉的人强制将她抱过去，她就会大哭。

奶奶从来不急于强迫星星接纳陌生人，总是从妈妈手里将她接过来，一边拍着她的背，一边和来人搭话。天气好的时候，还带星星到楼下广场有很多小朋友的地方，让坐在小车里的星星，看到更多的人，听到更多的话。时不时，奶奶还指着另一辆小车上的小朋友说：“星星，你看，小姐姐在冲你笑呢！”

【专家点评】

认生是婴儿成长的必经阶段，标志着婴儿已经能够区别亲人和陌生人了，这是成长中的重大进步。

发展心理学家罗伯特·范兹(Robert Fantz)通过实验发现：人脸，尤其是熟悉的人脸，会对婴儿产生更强烈的吸引作用。出生几个小时后宝宝就会对母亲的面孔产生视觉偏好。因此，大部分儿童对妈妈或带他的奶奶以外的人有更明显的抗拒心理。

经常带孙儿出门，可以消除他对陌生人的紧张感。抱他出去玩的时候，先让他和同龄小孩接触。一般来说，他对小孩子是不怕的，慢慢地过渡到让他接触大人，但不要轻易让别人抱他；适当的时候，请邻居配合，对他微笑，逗他，试着抱他，但不要太久，慢慢地，他就会适应，不再认生。

特别提醒祖父母们，晚上最好不要让陌生人抱孙儿，因为这时孙儿一般都很依赖熟悉的妈妈或奶奶，强抱会加重他对陌生人的恐惧感。一般来说，早上是他心情最好的时候，这时可以多尝试让他接触陌生人。

问题56 如何保护孙辈的好奇心

【招数】认真对待，耐心作答，反向提问。

【解招拆招】

图图是个爱观察、爱动的孙辈，经常摆弄家里的东西，见到好玩的、好吃的也总会问个不停，像“大蒜为什么是辣的？”“蜂蜜为什么是甜的？”“鱼为什么在水里生活？”等等，每当这个时候，爷爷总是先肯定图图问的是好问题，然后再试着进行解答，比如：“图图观察得很仔细噢。每种生物都有它自己的习性，所以它们也有着不同的名字。”有的时候，图图的问题会让爷爷“卡壳”，一下子不知道该如何回答，爷爷就会说：“这真是个好问题呢，爷爷跟你一起找一找答案。”或者说：“图图能说说鱼为什么在水里生活吗？”

【专家点评】

好奇是孩子的天性。受认知水平和能力的限制，他们对周围的世界充满了好奇。他们总想知道这是什么、那是什么，总会问些令成人啼笑皆非的问题。他们甚至还会出于好奇,把新买来的玩具拆得七零八落,这看似在搞破坏,实则在探究。

好奇心是创造力的重要源泉,孩童时期是好奇心培养的重要时期。

面对孙辈的各种提问,有智慧的祖父母们会认真倾听,并用鼓励性的话语肯定孙辈的探究,还可以通过提问题,引导他们自己寻找答案,更重要的是使孙辈对世界探究的一时欲望化为长时间的兴趣和动机。

祖父母们若觉得孙辈提的都是些无厘头的问题而拒绝回答,或因比较忙而搪塞,久而久之就会扼杀孙辈的好奇心,影响孙辈的观察力和创造力的发展。

问题57　如何有效使用家中的玩具

【招数】选择玩具不求数量,优先选择创意玩具。

【解招拆招】

花花2岁半后,经常跟着爷爷奶奶去商场和游乐场玩,看到琳琅满目的玩具,什么都想要。这个时候爷爷奶奶对花花说:“我们看看哪些玩具是花花有的,哪些是新的你喜欢的,好不好?”然后带着花花挑了一件积木。

回到家,奶奶对花花说:“花花,洗洗小手,我们一起搭积木吧。”花花尝试了多次,总也搭不起来。爷爷乘机说:“花花,你要不要哥哥帮你一下呀?”花花用求助的眼光看着哥哥,哥哥马上过来,手把手地帮花花一块一块地拼搭积木,终于搭出了一栋房子,兄妹俩可开心了。

【专家点评】

为孙辈选择玩具不在于数量多少或者价格高低,而在于玩具能否为孙辈带来积极的影响:提升孙辈的投入感和专注力。同一时段玩具过多,容易造成选择困难,使孙辈“浅尝辄止”,不利于注意力的集中。

玩具的使命是让孙辈有好奇心,愿动手,在摸索中激发儿童的求知欲。祖父母们可根据孙辈的年龄段适当选择玩具,如果家里玩具较多,可以分批拿出来,每次1～2件。建议在家里设置一个玩具角,让孙辈在玩具角的场景中玩耍,既能防止出现选择困难,又保障了专注力不受影响。祖父母们在适当的时机可以协助孩子,如“你把那块红色的积木搭上去试试”,但切记一定以孙辈自己动手为主,只有这样,孙辈才能体验到探究的乐趣。

问题58　如何培养孙辈的专注力

【招数】简化简单，不刻意打断。

【解招拆招】

丁丁在很长一段时间里都喜欢蹲在小区游乐场的沙池旁，用手抓一把沙子放入自己的小杯子，然后又把杯子里的沙子倒进沙池，反反复复。有时爷爷奶奶和他说话，他都听不见或者没有回应。只要风不大，没有危险，爷爷奶奶就在一旁陪着，直到丁丁站起来要回家为止。

【专家点评】

专注力是认知活动的动力功能。认知活动包括感知、记忆、思维、想象、执行、反馈等。认知活动得以顺利开展的推动力正是专注力。

对于2岁以下的孙辈来说，引起他们专注的重点，是让他们对周围的事物感兴趣，给他们提供玩中学的机会。只有给孙辈留出自由探索的时间，孙辈才会依据自己的兴趣去观察世界里的奇妙事物。

对于2～5岁的孙辈来说，形成固定的生活习惯是非常重要的。一个内心没有秩序感的孩子，就容易被太多的杂事打扰专注力。所以，书桌上只放与学习有关的书本。在孙辈玩游戏或做作业时，不随意打搅，不以陪伴为由坐在他身边“监督”。与孙辈沟通时，要一件事、一件事地说明白，因为，当孙辈面临一个复杂问题时，他的专注力会立刻发散开来，甚至变得小心谨慎，反而忘记了需要专注的是什么。

游戏、手工等活动会让孙辈变得专注，因为这些活动目标明确，规则简单，易于操作，关键是还有即时反馈。

问题59 如何让孙辈爱上阅读

【招数】阅读启蒙要早，阅读习惯要好。

【解招拆招】

兜兜1岁左右的时候，爷爷就买了一堆幼儿绘本，每天都拿给她看，大概持续了一个星期。可是，兜兜根本不愿意翻书，每次都把绘本撕成碎片。爷爷十分苦恼。后来，爷爷改变了策略，根据兜兜的年龄，恰当地选择一些简单的翻翻书和洞洞书，带着兜兜看一些动物、水果图片，给她讲简短的童话故事。慢慢地兜兜不再对阅读感到厌烦。

【专家点评】

阅读能使人目视万里、通晓古今，使人晓事明理、开阔胸襟。

阅读，需要多种感统能力的参与，每个年龄段的阅读都要求须和儿童身心发展的年龄特点结合起来。

什么时候开始阅读比较好？有人说，从0岁开始。意思是说，从孩子出生的那天起，就应对其进行阅读启蒙。从听到看、到读，从启蒙到咿呀学舌、到自由表达，儿童的语言体系是逐步建立、完善、丰富起来的。

祖父母们可以从给孙辈读小画书开始，通过听有趣的声音，看多彩的画面，使孙辈不断增加阅读兴趣。讲故事，也是一种有效的方法，可以让孙辈听到更多的词汇。

阅读，使人进步。愿每位孙辈都能得到祖父母们最合理的阅读训练。

问题60 如何引导孙辈养成正确的书写坐姿

【招数】细心观察和提醒，及时纠正和奖赏。

【解招拆招】

毛毛每天一回家就会打开书包写作业，只是每次写作业时都喜欢弓着背，将整个身体趴在书桌上。"毛毛，把背挺起来。"爷爷总在提醒和纠正，但似乎没有多大用，毛毛写着写着，坐姿就变形了。

奶奶想了一个主意，让毛毛穿上保护背部的衣服，但毛毛觉得穿着有点累。怎么办呢？爷爷奶奶商量了几种办法：让毛毛哼唱保持正确书写坐姿的童谣，给毛毛看正确示范的小视频等。试了几次后，发现及时奖赏最奏效，于是每次毛毛坐姿端正时，爷爷都会给他一个奖赏，比如满足他的一个小愿望。慢慢地，毛毛习惯了端坐，发觉这样很自然也很舒服。

【专家点评】

儿童正确的书写坐姿是：上身平正，两肩齐平；头正，稍向前倾；背直，胸挺起，胸口离桌沿一拳左右；两脚平放在地上与肩同宽；左右两臂平放在桌面上，左手按纸，右手执笔；眼睛与纸面的距离应保持一尺(约33厘米)左右。

良好书写坐姿的养成，对儿童的身体发育和学习效率的培养甚为重要。4～5岁是儿童书写坐姿养成最为关键的时期。这个阶段的儿童，模仿能力非常强，对奖赏等强化手段较为敏感。

祖父母们可以以身示范、及时奖赏，还可以用拍拍腰、扶正头等身体触碰方式帮助孙辈进行矫正练习。

问题61　如何培养孙辈乐于倾听的习惯

【招数】投其所好，耐心倾听孙辈心语。

【解招拆招】

放学路上，奶奶跟壮壮聊起了今天和隔壁李奶奶一起去菜市场买鸡蛋的趣事。奶奶说得津津有味，可壮壮却总是打断奶奶的话。奶奶又聊起晚餐给壮壮准备了丰富的菜式，壮壮问东问西，压根儿没有听的样儿。奶奶心里埋怨："这个壮壮，怎么什么都听不进去呢?!"

【专家点评】

倾听是儿童获取知识的主要途径。乐于倾听，关键在"乐"，贵在认真听、专注听。乐于倾听的前提是喜欢听、愿意听。儿童对于话题的好感，在于话题本身具有吸引力、诉说对象具有感染力。

祖父母们和孙辈之间，在日常琐事和人际交往方面的交集不大，所以日常沟通的话题可能很难吸引孙辈。因此，祖父母们可以多找找孙辈喜欢的话题，沟通时尽可能语言生动，表情丰富，简洁清晰。这样做，不仅能帮助孙辈建立起良好的语感，还有助于锻炼他们的专注力。

还有一点更重要，要想孙辈耐心听，祖父母们须先学会倾听孙辈的心语，尤其是当孙辈想要表达一件事时，一定要让他看到你在认真倾听他说的话，并且及时鼓励他们："你刚才说得很清楚，真棒。""你认真的样子真帅!"

现在的孩子多数乐于表述，表现欲强烈，需要长辈们及时地关注和鼓励，否则，他们倾听的积极性有可能会日渐消退。久而久之，他们会对人际沟通失去兴趣，宅在自己的世界里，甚至出现交往恐惧，这是长辈们最不愿意看到的。

问题62　如何引导孙辈独立思考

【招数】鼓励试错，适时发问。

【解招拆招】

玲玲在写语文作业时遇到了一个生僻字，她让爷爷奶奶帮忙用手机找答案。奶奶正要帮她查，被爷爷拦住了。爷爷和蔼地问玲玲："玲玲，你先查一下字典试试，好吗？如果查不到，再请奶奶帮你。"玲玲马上翻起书桌上的字典，很开心地告诉爷爷："爷爷，爷爷，我查到了，查到了。"爷爷说："玲玲宝贝凭自己的努力又获得了一项新技能，真棒。"

【专家点评】

在现实生活中，有许多"包办式"家庭。隔代教养中，这种"包办"可能更为明显。"隔代亲"一旦演化为溺爱与娇惯，将加重孙辈的"童稚"心理，延缓孙辈独立意识和独立行为的发展。

引导孙辈独立思考，与在生活上锻炼其自理自立能力也是密不可分的。面对孙辈对"答案"结果的求助，祖父母们应该反其道而行之，引导孙辈完成"寻找"的过程。尽管这样会使时间消耗得更多，甚至需要克服困难才能完成，但是"寻找"的过程就是孙辈最重要的学习和成长过程，也是"授人以鱼不如授人以渔"的道理之所在。

建议祖父母们在孙辈进行观察或做作业时，不要急于给他帮助；在孙辈提问时，不要直接给出答案，而是给出自己所能给的最好引导；尊重孙辈的选择，哪怕这种选择可能是最费时费力的，也要给孙辈"试错"的空间和机会；在听取孙辈意见的同时，积极与孙辈探讨，并且称赞他的好想法。及时提醒或帮助孙辈改正错误，能进一步激发他思考问题及解决问题的欲望和行动。

问题63　如何引导孙辈爱惜学习用品

【招数】正反情境讲解，用人性化的称谓增爱。

【解招拆招】

朵朵最近新买了好几块橡皮擦，但每次用的时候都说丢了，要新的，奶奶有些纳闷。一天，奶奶发现朵朵用自己的小刀在切橡皮玩。奶奶跟朵朵说："呀，橡皮宝宝受伤了，它不能继续工作了。""如果我们不用小刀切它，它就能帮助我们擦除写错的字。""朵朵的手工作业每次都受到老师的表扬呢，我们用这把小刀去做手工，怎么样?"朵朵很开心地跟奶奶一起做起了手工作业。

【专家点评】

3～6岁是儿童文明礼仪与良好习惯养成的奠基时期。事实上，儿童对学习用品的"破坏"，很大程度上是出于好奇。祖父母们发现此种现象时先不要急于指责，聪明的做法是顺着孙辈的思路，利用环境资源，用正反例子举例，一反一正，让他感悟，以改变他的不当行为。

日常生活中，祖父母们与生俱来的节俭习惯也是好的教育资源，祖父母们可以发挥所长，选择恰当的时机给孙辈讲讲过去的艰苦日子，讲讲现在幸福生活的富足美好，或是讲一些因不爱惜食物或物品而遭到惩罚的民间小故事，启发培养孙辈形成节俭和珍惜等良好的品质。

问题64　如何鼓励孙辈在学习上的进步

【招数】重在对努力过程的鼓励。

【解招拆招】

寒假正式开始了,图图今天拿到了期末考试成绩单,成绩非常不错而且还拿到了奖状。图图回到家兴高采烈地跟爷爷奶奶分享这个好消息。爷爷奶奶为图图的成绩感到高兴,奶奶说:“图图真棒! 图图真聪明! 图图加油,下次争取考个第一名。”爷爷说:“图图,爷爷看到你这一阵子做作业很认真,老师也说你听课很专注,你的成绩是你平时努力的结果,爷爷奶奶都为你高兴。”

【专家点评】

适度的赞美和肯定可以增强孙辈的自信心并有助于建立积极的家庭关系,但单纯的表扬,如“你真聪明”“你真厉害”,有时会让孙辈担心被评价不聪明而放弃尝试新的挑战。

鼓励和表扬的区别在于:

鼓励是指为鼓劲而支持,通常是针对过程和态度的:“我看到你这段时间的努力,为你骄傲!”鼓励意在夸奖其行为,使人形成进取精神。

表扬则是指对一件事或品行的显扬、宣扬,表扬是夸奖其天分,通常是针对结果和成效的:“我看到你成绩提高,为你高兴!”

自以为聪明的人,不喜欢面对挑战。所以,要多鼓励少表扬,多描述少评价。这样可以避免被表扬绑架,或因输不起而为达目的不择手段。

生活中对孙辈需主动进行鼓励,适当的时候给予表扬,及时针对问题给予批评。

问题65　如何引导孙辈正确认识考试失利

【招数】平常心对待,具体建议跟上。

【解招拆招】

期末考试成绩出来了,晨晨这次发挥失利,没有取得满意的成绩,有些沮丧。爷爷来到晨晨身旁,想要安慰一下孙子:“晨晨今天怎么有些不开心啊,可不可以跟爷爷说说?”晨晨说:“这次考试考得不好,成绩退步了。”爷爷说:“原来是因为成绩的事啊,这有什么大不了的,谁还没有失利的时候。你爸爸上学的时候成绩在班上一直名列前茅,你知道这是为什么吗? 这还得感谢他有次考试失利了呢。那次之后,他就养成了整理错题集的习惯,每次都认真分析自己错误的地方,找到原因,以后再碰到类似的题目,就不会再错了。所以,这也是你查漏补缺的好机会啊,你要好好把握才是。”

【专家点评】

教育不仅要关注教孩子“如何成功”,更应该教育孩子“如何面对挫折”。曾几何时,“不让孩子输在起跑线上”成了部分家长拼教育的动机,导致孩子在幼小阶段就承受着来自外界过多的压力。“学会赢”固然重要,但是“输得起”也不可或缺,毕竟生活不可能永远一帆风顺。从小就对孩子进行挫折教育,会使他们在以后的人生中也受益匪浅。

遇到挫折首先要有承受力。像孩子面对考试失利这类挫折,祖父母们首先应该摆正自己的心态,保持一颗平常心,即不过度责备也不过分护短,类似于“你怎么这么笨,你看邻居家小明多聪明”这类具有人身攻击、与别人家孩子进行比较的话语,只会伤害孩子的自信心和自尊心,让孩子产生挫败感和自卑心理。

其次,祖父母们还要注重培养孙辈对挫折的应对能力,面对挫折不回避。引导孙辈积极面对挫折,改变不合理的观念,找到解决问题的办法,进而培养孙辈自信乐观、自强不息、宽容豁达的性格。

问题66　如何调节孙辈的厌学情绪

【招数】先塑造个人成就感，再创设利学情境。

【解招拆招】

瑞瑞从小就不爱学习英语，瑞瑞的爸爸妈妈给他专门报了英语培训班，但是每到上课的时候，瑞瑞就表现出不耐烦、不情愿的情绪。奶奶知道后就想了个小法子。周末在家，奶奶要尝试一下瑞瑞爸爸给她买的按摩仪，操作其实很简单，但是说明书是英文的，奶奶假装不会用，向瑞瑞求助："瑞瑞，你可不可以帮奶奶看一下这个说明书上写了什么，教教奶奶怎么用。"瑞瑞本来也担心自己看不懂，但一看关键按钮都是很简单的单词，很顺利地就帮奶奶解决了如何使用按摩仪这个问题。奶奶很开心："瑞瑞真是帮了奶奶一个大忙呢，会英语就是好。"通过这件事情，瑞瑞也意识到英语的实用性，逐渐对英语没那么厌烦了。

【专家点评】

爱因斯坦曾说"兴趣是最好的老师"，而产生兴趣的内驱力之一便是成就感。成就感是一个人在完成一件事情或在做一件事情时，所获得的愉快或成功的感觉，在这种感觉的驱使下，会将这件事情继续做下去。当孙辈对某项学习感到厌烦时，大多是因为在这件事情的学习上没有获得成就感。

因此，祖父母们可以让孙辈先在自己擅长的方面找到自我价值，比如一些学习成绩不好的孩子可能是个做家务的小能手，在体验到用知识帮助他人的价值感和成就感后，再积极创造孙辈"喜欢"的情景或条件，从而产生学习动机，端正学习态度，减少甚至消除厌学情绪。

问题67　如何激励孙辈在学习上持之以恒

【招数】化大目标为小目标,定期验收,适当监督和奖励。

【解招拆招】

星星学习总是三天打鱼两天晒网,三心二意的。爷爷奶奶觉得她的学习习惯不好,可又不想直接说教。周末,星星来看望爷爷奶奶,爷爷奶奶送了一本《唐诗三百首》给星星,而且跟星星说:"星星,爷爷奶奶送给你这本书,想跟你一起做个小游戏,看你能不能每天背诵一首古诗,爷爷隔一天会检查一次,看看你掌握得怎么样,如果你能坚持一周,爷爷奶奶就给你做好吃的,如果能坚持两周,就带你去游乐园玩,如果能坚持三周,就可以满足你一个小愿望,你愿不愿意参与?"

【专家点评】

在行为心理学中,学者们把一个人的新习惯或理念的形成并得以巩固至少需要21天的现象,称为"21天效应"。这启示我们,重复做一件事情,久而久之就会成为习惯。但需要注意的是,在儿童习惯的养成过程中,最关键的地方恰恰在于长期坚持。

因此,祖父母们可以先把大目标分解成"小而美"的小目标,使其简单可行、难度不高,这样有利于孙辈"跳一跳就能摘到桃子",因为能从中获得成就感而坚持下去。

第二,祖父母们要起到监督提醒的作用,为孙辈的行为坚持提供外部保障。

最后,祖父母们可以对孙辈已做到的行为给予及时奖励,这是对行为坚持的激励。

坚持,是为达成目标。从小养成坚持的习惯将一生受用。

问题68 如何引导孙辈建立时间观念

【招数】协助孙辈制定时间规划表，进奖退罚。

【解招拆招】

磊磊学习时经常东张西望，难以集中精力，做事情也拖拖拉拉。跟爷爷奶奶住了一段时间后，爷爷奶奶决定改一改磊磊拖拉的坏毛病，引导他做好时间管理。于是，爷爷和磊磊一起做了一张学习和游戏的时间表，如果磊磊能够在规定的时间内或者提前保质完成作业，他就可以获得相应延长的游戏时间，但是如果磊磊拖拖拉拉，游戏时间就会相应缩短。爷爷希望用这种方式帮助磊磊建立时间观念。

【专家点评】

儿童做事拖拉大多与时间观念较差密切相关，而合理有效的时间分配是可以培养和训练的。

要建立孙辈的时间观念，祖父母们可以先试着引导孙辈根据自己的实际需要制作时间表，可以天为单位，也可以星期为单位，或者以月为单位。通过时间记录表，让孙辈了解自己对每个时间段的使用情形。

此外，帮助孙辈合理规划学习和游戏时间，共同制定奖惩规则，要求他在时间记录表上打卡，并知道时间的不可重复性和不可替代性。

时间记录表和奖惩规则确认后，必须"温柔而坚定"地执行。孙辈在做中体验到遵守时间带来的好处(更好地玩)，或者因拖延行为而付出的代价(游玩时间减少)后，会逐步增强时间观念并形成良好的时间管理习惯。

问题69 如何避免孙辈沉迷网络

【招数】了解上网需求，不纵容不阻碍，引导多种活动。

【解招拆招】

小胡经常向爷爷奶奶要手机，有时候是用来查资料，有时候查着查着就开始玩游戏了，而且一玩游戏就忘记时间，连饭都不愿意吃。经过几次之后，小胡再问爷爷奶奶要手机的时候，爷爷奶奶就会先问一下小胡要手机干什么。如果是用于学习的话，爷爷奶奶说："可以呀，我跟你一起查，正好我也学习学习，你查好之后要把手机还给我，因为现在是你的学习时间，你必须先好好完成作业。"如果小胡是想用手机玩游戏，爷爷奶奶就说："可以玩游戏呀，因为你今天已经很好地完成了作业，但一次只能玩15分钟，要不对你眼睛不好，如果你玩超时的话，下次爷爷奶奶就不会再把手机给你了。"或者说："爷爷奶奶陪你去公园里玩会沙子，那边有很多小朋友，你还可以跟他们一起玩，好不好？"

【专家点评】

时代的变革更新了教育方式和学习方式，如今在线教学、网课等等已不是什么新鲜的事情，孙辈接触网络也是必然现象，采取一刀切的办法可能会影响孙辈与外界的交流和对知识的获取。而且孙辈是充满好奇心的，如果祖父母们固守陈旧的思想，盲目限制孙辈使用网络，反而会助长孙辈对网络的无尽遐想和向往，从而导致孙辈的叛逆对抗行为。

另一方面，孙辈沉迷网络也可能是因为家长对孩子的陪伴时间太少、方式单一，导致孩子只能通过网络游戏来获得交互性、趣味性需求的满足。

所以，在面对孙辈使用网络的需求时，要区别对待。不纵容，不阻碍，鼓励健康的网络行为，进得去、出得来。附条件，严执行，坚决避免孙辈过度沉迷网络。宽兴趣，多活动，积极拓展孙辈兴趣爱好的多样性，协助其找到阅读、音乐、运动等其他多方面的爱好，让童年生活丰富起来。

第4编

烦恼化解

问题70　如何应对孙辈体型外貌上的烦恼

【招数】发掘独特闪光点，引导孙辈悦纳自己。

【解招拆招】

平平从小就比同龄人偏矮，上体育课排队总是排在队尾，因为个子矮也不太愿意上学校的篮球课，平平为此产生了自卑心理。爷爷奶奶了解了平平的烦恼之后，并没有在平平面前表现出对其身高的担忧，而是经常唠叨这样的话："我们家平平眼睛很亮，还会弹钢琴，爷爷奶奶为你骄傲！""你是不是都没有意识到自己还有这么多优点啊？""我们每个人都是独一无二的，你把手伸出来，是不是每根手指都不一样啊？你再比比爷爷的手，你的小指比爷爷的还长呢！""我们平平还处于正在长身体的时候，心情好身体发育会更协调哦。"

【专家点评】

每个人都不是完美的，但每个人都倾向于追求完美，而且会自动放大自己的缺点，从而影响心理健康。处在成长期的儿童，心智还未发育成熟，很容易因为外形上的不足而烦恼，严重了还会影响与他人的正常交流，导致过度内向和自卑。

面对青春期孙辈的外貌问题，祖父母们首先应给予重视，在日常生活、教育中引导孙辈认识到外貌只是外在的特征，每个人的形体外貌都是独一无二的，接纳独特的自己是心理健康的第一步。

祖父母们可通过使用"虽然……但是……"的说法来引导孙辈正视、接纳自己的不足并发现自己的优势，扬长避短。

问题71　如何引导孙辈控制情绪

【招数】给予宣泄出口,先处理情绪再处理事情。

【解招拆招】

小飞曾经是一名成绩优秀的学生,但步入初三以后,开始变得沉默寡言,在课堂上也无法集中精力听讲,导致考试多次失利。更糟糕的是,他经常控制不了自己的情绪,一些小事就让他对爷爷奶奶恶言相对。爷爷奶奶刚开始的时候也不清楚孙子为何变化如此之大,对他进行口头教育,小飞反而情绪更大。后来,在小飞班主任的帮助下,爷爷奶奶开始转变教育方式,平时在饭桌上会偶尔说一说自己的"烦恼",并让小飞给支支招。小飞刚开始的时候还有点敷衍,几次之后就慢慢地打开了自己的心扉,不仅愿意多说话了,还愿意把自己的烦恼说给爷爷奶奶听。祖孙之间有了更多的理解后,矛盾逐渐少了。

【专家点评】

步入青春期的孩子虽然长大不少,但其心智发育还不成熟,对于很多事情的看法还没有形成系统的认知,并且受体内荷尔蒙影响,他们的情绪更加易怒,更加容易失控。其实不用担心,这些都是正常现象。

想要改善这种情况,祖父母们可以首先多向孙辈的父母、班主任等日常接触较多的人了解情况,看看能否找到影响他情绪变化的根本原因,及时纠正并处理。如果孩子仍然沉闷不语,心事重重,祖父母们可以利用"隔代亲"的优势,在日常生活中,如饭桌上、散步时,以平等的姿态多和孙辈沟通自身的"烦恼",并耐心倾听孙辈的意见和观点。在孙辈愿意表达内心真实想法时,多给予支持与鼓励,而不是一味地说教。因为对于青春期的孩子来说,情感上的认同和支持往往比说教更有用。

当然,青春期孩子的情绪问题也与当下许多孩子学业压力过大、空闲时间紧张、运动较少、无处发泄有关。祖父母们可以鼓励孙辈在业余时间多外出运动,与大自然多接触,通过这些方式帮助孙辈适当宣泄内心情绪。

问题72 如何培养孙辈的自信心

【招数】眼看前，胸挺起，找优点，显价值。

【解招拆招】

步入初中以后，小豪觉得原本在小学成绩优异的自己显得“十分普通”了，他觉得自己既不会弹琴唱歌，也不会打篮球、踢足球，变得有点自卑。奶奶发现了小豪的变化后，开始从很多小事上塑造孙子的自信心。比如，过春节时，爷爷奶奶准备一家人一起剪剪纸当窗花，小豪本来不愿意做，认为自己剪得不好看，奶奶却说：“上次你妈妈给我看你在学校剪的剪纸，我觉得特别好，所以还想着让你教教我们呢。”在奶奶的鼓励下，小豪开始教大家剪剪纸。剪完以后，奶奶把小豪剪的剪纸认真地贴在最显眼的位置。正是通过这些小小的“赞美”，小豪慢慢重新自信起来，后来他还主动参加了学校的艺术周活动。

【专家点评】

自信，意为相信自己的力量；自信心就是确信自己所追求的目标是正确的，并坚信自己有力量与能力去实现所追求的目标。

一个人自信心的建立不是天生的，是由后天培养而得的。自信心可以使人产生强大的精神动力和进取激情，排除一切障碍去实现自己的目标。

一个人缺乏自信多是害怕自己做不好事情会受到批评、丢面子，或者让大家失望。

增强孙辈自信心的小妙招有：

(1) 自己穿鞋，做好力所能及的事。

(2) 正视别人，用有力的目光注视对方，并且保持笑容。

(3) 昂首挺胸，两眼看向远方，保持良好的走路姿势。

(4) 坐在前面，有敢为人先的意识。在会场、课堂等地方，如果不是对号入座，就坐在最前面，不论是开会、听课，还是看演出，都坚持这样做。

(5) 不怕犯错，敢于尝试，错了就改。

(6) 水滴石穿,做事有耐心、韧劲。

(7) 参与决策,让孙辈参与家中某些事情的决策,如去超市购物时征求他的意见:"你看哪一个杯子漂亮?""要买哪个价位的牛奶?"等等,体会到主人翁的感觉会让孙辈觉得自己很重要,而且在参与家庭决策的过程中,能锻炼他的判断力与做事能力,进而对自己做出进一步的肯定,增强自信。

(8) 不求最好,只求更好。了解自己的局限性,意识到在生活中没有人是无所不能的,就算拥有很聪明的脑袋也不可能是完美无缺的。

问题73 如何培养孙辈的独立性

【招数】学会放手和示弱，鼓励自己解决问题。

【解招拆招】

亮亮想帮助奶奶拿鸡蛋，他站在凳子上，伸手去够，没想到，手一滑，鸡蛋掉到地上打碎了。奶奶忙说："亮亮不要动，奶奶拿抹布来擦。"妈妈在一旁看到此景，跟亮亮说："亮亮，你自己去拿抹布来，把地上擦擦干净。"奶奶心疼地说："他是帮我干事，我擦一下就完事了。"妈妈坚持说："亮亮，自己做的事就要自己承担后果。"看到亮亮吃力地从凳子上下来，拿着抹布费劲地擦地，妈妈示意奶奶不要施以援手，并且鼓励亮亮："亮亮做得真棒，亮亮可以把凳子靠得近一些，再试试帮奶奶拿个鸡蛋。"亮亮最终如愿做到了，奶奶很感动，也很受触动。

【专家点评】

1～3岁的儿童对大人所做的事都很感兴趣，加上他们天生喜欢模仿，所以当他看见大人在干什么他也学着干什么。如大人在叠衣服，他要来帮忙；大人在扫地，他也抢着要扫……这些都是儿童独立意识开始发展的表现。

此时儿童的可塑性最强，他们也最容易接受教育，这是培养儿童独立性的最佳时期。虽然他们做得不好，会把叠好的衣服弄得乱七八糟、把垃圾扫得到处都是，但这是由于儿童的骨骼和肌肉发展不够完善而导致的动作不协调，此时请一定要放手让他们试一试。

从2岁起，孙辈可以在祖父母们的帮助下，逐渐学会自己吃饭、穿衣、睡觉、收拾玩具等。在这个过程中，孙辈从不会做到逐渐学会做，从做得不像样到像模像样，是必然的规律，也是必经的过程。祖父母们应多给孙辈创造锻炼的机会，放手让他去做，让孙辈感觉到"我行"，这种感觉是孙辈独立性得以发展的动力。

不要怕他做不好，不要心急，也不能求全责备，更不能包办代替。如果此时祖父母们觉得孙辈还太小，什么都做不来，等长大点再做吧，或伸出援手代劳，渐渐地就会让孙辈形成依赖性，从而错过了培养其独立性的最佳时期。

依赖性一旦形成就很难改正了，时间一长，孙辈会更加“懒惰”，更别提责任感了。

问题74　如何培养孙辈的责任感

【招数】一起参与家庭劳动，从照顾小动物或植物开始。

【解招拆招】

爷爷奶奶要出门几天，就把自己养的几盆植物交给了图图，嘱咐图图帮忙照看一下，还告诉他怎么浇水，多久浇一次，等他们回来的时候再来取。图图收到嘱托，感觉自己像个小主人，立马有了主人公的意识，每天悉心呵护，把几盆植物照顾得郁郁葱葱。

【专家点评】

心理学认为，责任感是一个人对自己的言论、行为、许诺等持认真、积极、主动的态度而产生的情绪体验的反应。责任感是一个人立足社会、获得事业成功和家庭幸福的重要品质。对于孙辈的成长来说,独立性和责任感就是其成长路上的两个好伙伴,毕竟只有独立性而没有责任感的孩子是自私的。

然而在现实生活中,我们会发现不少孩子即便长大了也还是“巨婴”,这都是缺乏责任感教育产生的严重后果。一些祖父母们常常觉得孙辈永远都是孩子,拒绝承认孙辈正不断长大的事实,对于孙辈犯下的错误常常以“年纪小不懂事”为由试图搪塞过去,却没想过这样做对于孙辈以后的成长会埋下祸根。

如何从小培养孙辈的责任感?祖父母们可以通过给孙辈分派任务来外在赋予孙辈某种责任,激发孙辈内在的责任动机,从而让孙辈学会主动想办法来完成任务;为他在责任范畴内应自己做的事情定一个最后完成期限,无论如何,不要因他做得不够完美而越俎代庖。

问题75　如何避免孙辈在物质上与同龄人攀比

【招数】树立榜样，多让孙辈了解不同的生活。

【解招拆招】

上初中后，卡卡看班上很多男生都开始买限量版球鞋，就央求爷爷也给他买一双。爷爷本来觉得买双运动鞋是件很平常的事，就立刻答应了，可卡卡掏出手机给爷爷看了那双球鞋的价格后，爷爷着实被吓了一跳，他没想到一双球鞋可以这么贵。爷爷这时才看出卡卡的攀比心理，语重心长地说："爷爷虽然觉得这双鞋很好看，但是你真的需要这样一双鞋吗？你妈妈平时给你买了很多鞋，你从来没有穿坏过一双。你还记得之前看到的山区里的那些孩子吗？他们跟你差不多大，即便每天都要翻山越岭，却连一双像样的鞋子都没有。爷爷不要求你像他们那样艰苦朴素，但是也希望你不要铺张浪费。"

【专家点评】

攀比是指不顾自己的具体情况和条件，盲目与高标准相比。攀比心是大多数人会有的心理，简单来说就是指别人拥有的，自己也同样想得到。

正性攀比往往能够引发个体积极的竞争欲望，产生克服困难的动力；负性攀比会使个体陷入思维的死角，产生巨大的精神压力和极端的自我肯定或者否定。

孙辈有攀比心理或爱慕虚荣，多是受他人影响，耳濡目染并无意识地进行了模仿。祖父母们可以引导孙辈了解攀比与比较是有区别的，在与同龄人比较时应将重点放在内在的品格和能力。

问题76　如何化解祖孙之间的观点对立

【招数】换位思考，少争吵，重理解。

【解招拆招】

小智今年高一，一天放学回来，他告诉奶奶，他觉得现在的应试教育不适合自己，他不想参加高考，想出去工作。爷爷听到后，特别生气，大声呵斥："你这孙辈，太不像话了，不读书哪有出路？"小智一听到爷爷批评他，就很反感，准备摔门出去。这时，奶奶过来了，说："今天在学校是不是遇到什么不开心的事情了，还是学习遇到了困难？老师批评你了吗？和奶奶分享一下你最近的学习生活吧，再让奶奶帮你分析分析。"小智听完奶奶的话，突然委屈地哭了出来，开始和奶奶诉说今天考试没及格的事情。

【专家点评】

祖孙由于存在生长环境、年龄等方面的巨大差异，其观念不同是很正常的。出现观点对立时，争吵、辩解只会加重误解，唯有倾听才是解决问题的积极路径。任何事情不是非黑即白，愿意倾听，然后才能理解，也才能求同存异。

可以试试换位思考，而且身为长辈不要高高在上，应尽量平等地去和孙辈对话，摆事实，讲道理，争取相互理解或和解。

一般来说，争吵背后隐藏着深深的爱。争吵不可怕，有时吵一吵，情绪得到释放，对对方的想法也能深入了解，只是在争吵之后要找机会向对方表达"对不起""我爱你"，从而重新获得对方的理解和信任，恢复良好的祖孙关系。

问题77　如何应对孙辈情绪偏激或低落

【招数】循循善诱，给孙辈自己处理消极情绪的机会。

【解招拆招】

灿灿今天放学回来，情绪低落，不想吃晚饭，也不想去操场踢球。奶奶察觉到了灿灿情绪的变化，主动问他："灿灿，你今天怎么了？遇到什么不开心的事情了吗？"灿灿告诉奶奶，今天在上体育课时，他和最好的朋友牛牛吵架了，原因是牛牛在今天的足球比赛里没有选灿灿当队友。灿灿很生气，决定再也不理牛牛了。奶奶听完后，告诉灿灿："决定是否和一个人当朋友，并不能仅仅因为一场球赛就这么早下结论哦！你不妨再和牛牛相处一段时间，看看你们是不是互相喜欢对方、互相珍惜对方，找到一个好朋友不容易，所以千万别急着否定你们之间的情谊。或许牛牛今天是逗你玩才没选你当队友呢！"

【专家点评】

青春期又被喻为情绪易激惹期，控制情绪是这一阶段艰辛的任务。青春期的孩子，有的会变得暴躁易怒，阴晴不定，一点小事就可能引爆他们的脾气；有的则变得对什么都无所谓，情绪低落。

可以设置情绪角，给孙辈自己处理消极情绪的机会。当孙辈有偏激或低落情绪时，祖父母们肯定会本能地急于救火。但如果认识到消极情绪的意义，祖父母们就知道，不必急于让情绪消失，而是要尽量给孙辈机会，让他去感受、识别这种情绪，同时自己试着平复下来。他自己每平复一次，他的情绪控制能力就得到了一次锻炼。当然对于2岁以下的孩子，祖父母们还是应该用转移法先将他哄好，然后再讲道理。

问题78 如何应对孙辈遭受校园欺凌

【招数】加强自我保护,并学会用法律武器。

【解招拆招】

小刚今年刚上高一,可是开学没几天情绪就有点不对劲,放学回家后常常不说话,一个人待在卧室里不出门。奶奶察觉到不对劲,问小刚是不是发生了什么事。小刚一开始还支支吾吾,说没什么,但奶奶总感觉小刚有事隐瞒。最后小刚告诉奶奶,班里有个同学总是在放学的路上找他要零花钱,只要小刚不给他,他就打小刚。今天这个同学还找了其他年级的同学一起,在路上拦住小刚,不让他走,小刚非常害怕。奶奶听了后,十分震惊,连忙告诉了小刚父母,并第一时间打电话联系小刚班主任和学校校长了解情况。之后,又预约心理老师给小刚做了心理疏导,并告诉小刚,以后遇到这种事要第一时间告诉家长或老师,放学路上尽量与好朋友同行。

【专家点评】

校园欺凌是指同学间欺负弱小、言语羞辱及敲诈勒索甚至殴打的行为等,校园欺凌多发生在中小学,近年由于网络发达,曝光较多。

当孙辈遭遇校园欺凌时,常常会因为害怕而保持沉默。祖父母们如果发现了端倪,可以先与老师沟通,了解真实情况。在知道始末后,鼓励孙辈讲出来,和其一起分担被欺凌的痛苦。必要时可寻求法律援助。

在日常教育中,要强化孙辈的自我保护意识,鼓励其拓宽交友圈,开阔眼界,提高自信心,增强对环境的适应性和对问题的应对能力。同时,督促学校建立完善的预防和干预机制,从源头上制止校园欺凌。

问题79　如何应对孙辈青春期抑郁

【招数】创建和谐家庭氛围，多晒太阳多走动。

【解招拆招】

小军今年高三，由于高考的压力大，他在这一年里情绪波动很大，上个月被检查出有轻微的青春期抑郁。这可急坏了爷爷奶奶，他们自己在网上查了很多相关内容，很担心孙子的状态。这次陪小军去医院复查后，爷爷奶奶和医生聊了很久。他们认为自己也需要改变，从现在起，他们要给小军创造一个轻松、和谐、愉快的家庭氛围。学习很重要，但孙子的身心健康更重要。爷爷奶奶现在最关心的就是小军每天想吃什么，他们希望能做点小军喜爱吃的饭菜以转移小军的注意力。他们还经常邀请邻居朋友来家里做客，因为都是小军小时候的玩伴，他们在一起总是很开心。

【专家点评】

青春期的少年，性格往往会变得比较叛逆，如果家人处理不当，极有可能给其内心造成一定的抑郁情绪。

首先，要严格区别抑郁情绪和抑郁症。抑郁是一种情绪，它源自对消极事件的自然反应，不但持续时间较短，而且通常不会伴随认知扭曲，不会造成自尊的贬损。抑郁症是一种疾病，它的根源是认知扭曲。作为一种疾病，它不但会有较长的持续时间，而且还会伴随神经系统的器质病变。最重要的是，它会让人自我评价降低和快感缺失，最终想要选择了断。

其次，要及时觉察孙辈的抑郁情绪，早做干预，避免恶化。必要时，可求助专业的心理咨询师或心理专科医生。

再有，对孙辈要温情相待，鼓励其交友，尤其要去和那些性格开朗、豁达的同学交往。少年儿童大都喜欢与同龄人共处，共享欢乐。祖父母们要努力为孙辈创造一个温馨、接纳、包容的大家庭氛围，尽量安排他参加集体活动，增进他与同伴的交往，丰富他的精神生活。

问题80　如何应对祖孙生活作息不一致

【招数】看清鸿沟,学会放手。

【解招拆招】

最近,小聪和奶奶闹了些不愉快,因为小聪每到周末就熬夜打游戏到凌晨两三点,早上不起床,一直睡到中午。奶奶早上喊他起来吃早饭,他也不吃。奶奶认为这种作息习惯有害身心健康,但怎么说,孙子都不听,也不改,这让奶奶非常生气。爷爷劝解奶奶,让奶奶放手,因为小聪已经年满18岁,都成年了,应该自己培养良好的生活习惯并坚持下去,而不是还需要别人天天催,如果不从本质上认识到良好生活习惯的重要性,他自己是不会主动改变的。

【专家点评】

祖孙在相处的过程中会遇到很多矛盾和冲突,如思想教育上的矛盾、生活习惯上的矛盾,等等。祖父母们总是想把自己几十年积累的生活经验和良好的生活习惯都灌输给孙辈,但是孙辈在成长期会有叛逆心理,而且其很多行为习惯有年轻人自身的特点。

祖父母们要学会放手,做个聪明的欣赏者。

作息有早睡早起的百灵鸟型和晚睡晚起的猫头鹰型,对于喜欢晚上活动的猫头鹰型作息习惯,祖父母们也要给予尊重和理解,尤其是当孙辈已经长大成年的时候。老话道:"儿孙自有儿孙福。"祖父母们过好自己的日子,是给孙辈最好的示范。

问题81　如何应对祖孙消费观差异大

【招数】相互学习，求同存异。

【解招拆招】

小杰今年刚上大学，寒假放假回来，跟奶奶说，要买一套高级的游戏装备。奶奶看了价格，大吃一惊。小杰告诉奶奶，他们班上很多同学都有这套装备。奶奶听了后，问小杰："你的同学花的是自己挣的钱吗？"小杰沉默了。于是奶奶告诉小杰："你现在还没自己挣钱，花的都是爸爸妈妈辛苦挣的钱，应该学会理性消费，而不是和大家攀比。即便你做家教挣到了零花钱，也应该合理规划使用。"

【专家点评】

当今社会，随着市场经济和全球一体化的深入，年轻人的消费观念发生了很大的变化，祖孙之间在消费理念上的差异非常明显。祖父母们都比较节约，而孙辈则大多是月光族，且追求享受当下的快感。

一方面，祖父母们可以坚持自己勤俭节约的良好习惯，为孙辈做示范。另一方面，充分尊重孙辈的劳动所得，适当给予孙辈一些行之有效的理财经验，如记账、储蓄、投资等，帮助孙辈在步入社会前养成一个正确的理财观。对于当下一些新的消费观念，也要解放思想，接纳并理解孙辈的消费观，对孙辈的消费主张求同存异。

问题82　如何应对祖孙关系疏远

【招数】利用互联网，多进行视频通话，多关爱，多理解。

【解招拆招】

阿祥工作3年了，爷爷奶奶快80岁了。这两年，随着阿祥工作的繁忙，每年回来看爷爷奶奶的次数越来越少，平时也很少打电话问候。爷爷奶奶心里空落落的，感觉祖孙关系日渐疏远。今年端午节，奶奶想让阿祥回家过节，于是给阿祥打电话："阿祥，今年过节单位放假吧？奶奶在网上买了一个按摩椅，但是电子产品太复杂，爷爷奶奶年纪大了，不知道怎么用，你回来教教爷爷奶奶吧。"阿祥听了后，眼眶红了，小时候都是爷爷奶奶照顾自己，如今爷爷奶奶年纪大了，自己都不知道主动问候他们、关心他们，阿祥觉得很羞愧。这次端午节后，每逢节假日，阿祥总是抽出时间回去看爷爷奶奶，每隔两天都会和他们进行视频通话。

【专家点评】

当今社会，年轻人的工作压力都比较大，经常会忽略对老人的关心，很多空巢老人的心理疾病也因此产生。作为老年人，一方面希望跟孙辈经常联系，另一方面又担心打扰孙辈的学习、工作和生活。

其实，祖父母们可以借助发达的互联网技术与孙辈进行语音通话或视频聊天，或者与孙辈分享自己生活中的图片和信息，让孙辈感受到自己的快乐和思念。还可以通过电子相册等工具，回顾和重温与孙辈相处的美好记忆，增强与孙辈的情感联系，不仅排遣了自己的孤独感，也增加了孙辈的幸福感。

第5编

偶发应对

问题83　如何正确测量体温

【招数】适合的体温计，合适的测温时机，足够的测温时长。

【解招拆招】

文文今年3岁了。这天下午奶奶感觉文文皮肤稍烫，就拿出家中备用的玻璃水银体温计，使体温计的水银柱在35 ℃刻度以下，然后将体温计放在文文的腋窝正中，帮助文文屈曲上臂，保持上臂紧贴胸部10分钟后，取出体温计读数，发现文文现在的体温是37.5 ℃。奶奶将体温计的水银柱甩至35 ℃刻度以下，放在安全的地方，准备稍后继续监测文文的体温。

【专家点评】

祖父母们遇上孙辈发热，常常因为担心而慌了神。其实怀疑儿童发热，不能仅凭触摸儿童额头、四肢皮肤温度就加以判定，最好选择合适的体温计测量体核温度(体温)。

用玻璃水银体温计测量体温是最佳选择，因为在所有的体温计种类中，玻璃水银体温计所测量出来的体温是最准确的。但当儿童使用这种体温计时，应有家长陪同，防止出现意外。

使用玻璃水银体温计测量体温的方法有测量口腔温度、直肠温度和腋窝温度三种。其中，腋窝体温测量的安全性较高。对5岁以下的孙辈，不推荐测量口腔和直肠温度，以防体温计破碎，不仅会扎伤孙辈，同时泄漏的水银对人体伤害更大。

祖父母们在给孙辈测量体温时也有讲究：第一，在孙辈运动、进食、冷热饮、冷热敷、洗澡等活动后，应休息30分钟后再测量。使用水银体温计时，腋窝体温测量时间为5～10分钟，口腔和肛门体温测量时间为3分钟。第二，孙辈畏寒、寒战时不宜立马测量体温。儿童发热同时伴随畏寒、寒战时，一般处于体温上升期，此时测得的体温数值一般不是体温最高峰时的值，待不再畏寒、寒战时，需再次测量体温。儿童寒战时，要避免口腔测温和直肠测温。

问题84　如何观察发热儿童

【招数】监测体温，观察精神状态，及时发现异常体征。

【解招拆招】

4岁的笑笑某天午饭后开始发热，体温达到37.5 ℃，笑笑此时仍兴致勃勃地跟爷爷玩丢手绢的小游戏，奶奶鼓励笑笑多喝水。下午笑笑体温升至38.8 ℃，精神状态不好，奶奶及时带笑笑到医院门诊就诊。医生查体后发现笑笑患的是急性扁桃体炎，医生给笑笑开了口服抗生素，笑笑服用后体温逐渐降至正常。

【专家点评】

孙辈发热后，祖父母们可以从以下几个重点方面观察孙辈：

第一点，监测孙辈的体温。6个月以前的孙辈，如有发热，需要及时去医院就医。6个月以上的孙辈，如果体温低于38 ℃，可在严密的观察下，通过物理降温等家庭治疗方法对症处理。

第二点，注意孙辈的精神状态。病后的精神状态可反映出病情轻重。健康孙辈一般是好动、好说、好笑。如果孙辈在发热后精神如常，能笑能玩，说明病情不太重。如果病后精神萎靡、倦怠、表情淡漠、哭闹不止，就是病情较重的表现，应及时去医院就诊。

第三点，观察孙辈面色的变化。一般来说发热时孙辈面色潮红，如果发现面色苍白或发绀，说明孙辈的病情较重，要及时到医院就诊。

第四点，注意观察孙辈的前囟门。1岁6个月前的孙辈头部前囟门未完全闭合，表面应该是平的，如前囟饱满隆起，摸上去紧绷绷的，并伴有头痛、剧烈喷射性呕吐，应及时到医院就诊。

第五点，注意观察孙辈的皮肤。当孙辈发热时应查看皮肤有无疹子，若有则提示可能感染了传染性疾病。如皮肤出现发绀或发凉，则提示末梢循环障碍，应立即去医院就诊。

第六点，注意观察孙辈大小便情况。孙辈发热时如果出现血尿或脓血便，并伴有腹痛，同时不让别人按揉腹部，则提示可能有相关疾病，应立即到医院进行检查治疗。

最后，注意观察孙辈的高热惊厥征兆。当孙辈烦躁、兴奋，对周围的响动很敏感，表现出恐惧的样子时，就要特别注意孙辈有可能要抽搐，应立即将孙辈的衣服脱掉一些，采取物理降温方法，防止高热惊厥。

问题85　如何给发热儿童降温

【招数】适时选择物理降温和药物降温，必要时及时就医。

【解招拆招】

4岁的可可这天午饭后开始流清水鼻涕，奶奶给可可测量腋温，温度从37.3 ℃逐渐上升到38.5 ℃，奶奶按照药物说明书规定的剂量给可可喝了退热药，1小时过去了，可可的体温降至38.2 ℃，奶奶用温水给可可擦身，用温水毛巾给可可敷额头，1小时后可可的体温降到37.3 ℃，奶奶这才放心。

【专家点评】

本质上说发热不是疾病，大多数情况下，发热是人体抗病的一种正常反应，并不是一个坏现象。如果孙辈发热不严重，一般不建议服用退热药，祖父母们可以借助冷毛巾进行物理降温，同时注意给孙辈补充水分并使他有充足的睡眠。

如果孙辈体温过高（≥38.5 ℃），或者物理降温无效，可适量服用退烧药。不过，祖父母们千万注意，退烧药一般4～6小时服用一次，不同作用机制的退烧药，不能同时使用！如果服用退烧药后体温仍未降至正常，可采用湿敷、冰袋敷（冰袋要外包防护层，以免冻伤）等物理降温措施。

如果使用上述方法后，孙辈的体温已低于38 ℃，且精神状态好，玩耍有活力，那么祖父母们后续可单独使用物理降温方法退热。但如果孙辈出现精神萎靡、呕吐、高热持续不退等状况，应及时就医。

问题86 如何应对儿童烧伤

【招数】科学处理，避免继发损伤，及时就医治疗。

【解招拆招】

早上妈妈烧了一壶热水，1岁半的娟娟对颜色鲜艳的热水瓶十分好奇，就蹭过去玩起热水瓶来，结果把热水瓶推翻在地，瓶胆炸开，热水哗啦啦地撒了一地。奶奶赶到时，娟娟小小的脚上已经鼓起了足有鸭蛋大的水疱。奶奶赶紧将娟娟的小脚放在自来水龙头下冲淋20分钟，然后送娟娟去就近的医院治疗。

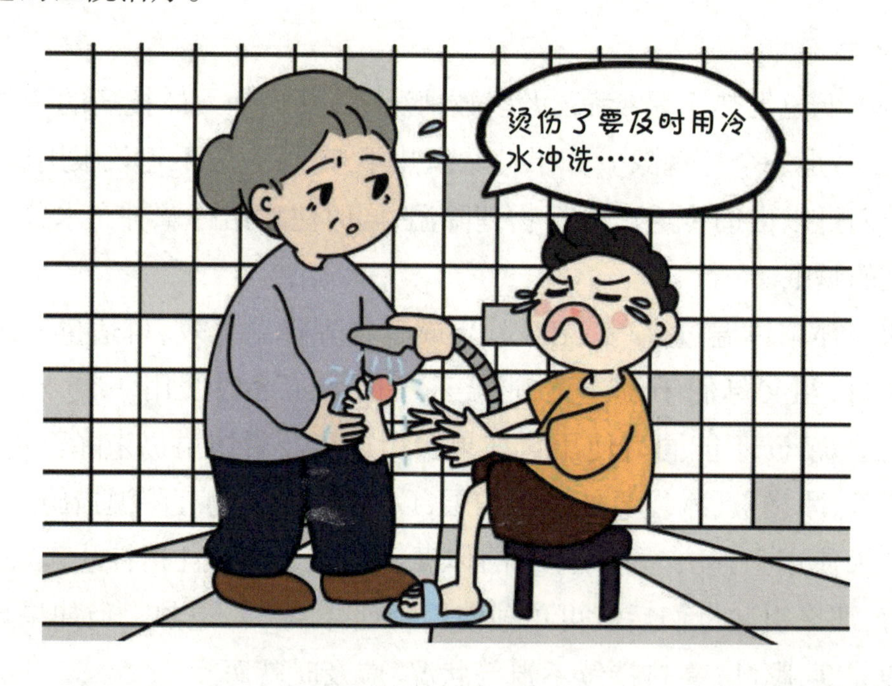

【专家点评】

儿童烧伤重在日常预防。祖父母们平时就应避免孙辈靠近燃烧火炉上的容器、滚烫的浴盆、热水龙头等家用物品，家中的各种锅具不要放在儿童能触碰到的高度，电热器、暖气片、热空气出风口应动态判断使用时的温度，并使用防护栏等进行遮挡。

发现孙辈烧伤时，不要慌，先要做好现场急救。首先，迅速去除致伤原因,包括尽快扑灭火焰、脱去着火或被沸液浸渍的衣服,如果衣服与皮肤组织牢固粘连,则不要强行脱去。及时的冷疗特别适用于儿童中小面积烧伤,特别是四肢烧伤,方法是将烧伤创面在自来水下冲淋或浸入冷水中(水温一般为15~20 ℃,不要使用冰块),一般至冷疗停止后不再有剧痛为止,多需0.5~1小时。

其次,妥善保护创面,在受伤现场,避免创面再受污染、再受损伤。可用干净敷料或布类保护。勿使用涂抹牙膏等"土方子",这样会使损伤更加严重;而且如果用有色药膏涂抹,还会增加医生对烧伤深度判定的困难,同时增加色素沉着风险。

最后还要保持孙辈呼吸道通畅。火焰烧伤常伴烟雾、热力等吸入性损伤,应注意保持呼吸道通畅。如果合并一氧化碳中毒,应尽快移至通风处。

如果是严重的大面积烧伤,应尽快送到附近的医院救治,避免长途辗转求医。就医途中,可口服含盐饮料,补充体液。就医途中,祖父母们不要过度紧张引发孙辈的惶恐焦虑,要尽量控制好自己的情绪并安慰受伤孙辈,尽量使其情绪稳定。

问题87 如何应对儿童骨折

【招数】出行确保安全，玩耍不离视线，骨折及时就诊，避免搬动伤害，切忌擅用药物。

【解招拆招】

妈妈带3岁的浩浩到游乐场玩。浩浩一见到蹦蹦床，立刻兴奋地跳了上去。谁知道才玩了没一会儿，妈妈便听到一声尖叫，原来一个大些的哥哥跳得很高，落下来正好坐在浩浩的腿上。经医生检查，浩浩的左腿股骨粉碎性骨折。

【专家点评】

儿童骨折并不总容易识别，尤其是年幼的孙辈，难以描述自己的感觉。一般情况下，如果孙辈骨折，可以看到骨折部位肿胀，孙辈会因疼痛而不愿意活动骨折的肢体。然而，孙辈可以自由运动肢体并不一定可以排除骨折，当祖父母们怀疑儿童骨折时，应该立即就医寻求专业诊治。

如果怀疑孙辈上肢骨折，祖父母们在就诊途中可用卷起的报纸或杂志作为夹板固定，避免路途中不必要的移动。如果怀疑孙辈腿部骨折，千万不要自行移动，应该让孙辈尽量保持舒服的体位，等待专业人员监管孙辈的转运，尽量避免过多搬动，减少骨折端的活动，减轻孙辈的疼痛。

就医前不能给孙辈服用减轻疼痛的药物，如果孙辈年龄较大，可以用冰袋或冷毛巾放在损伤部位缓解疼痛，注意冰袋不能压在骨折处。但若是婴幼儿则不可用此法，因为冰袋或冷毛巾过冷会损伤婴幼儿柔嫩的皮肤，因此对婴幼儿不要擅自使用冷敷。

骨折经早期治疗后，祖父母们还应注意观察孙辈的康复情况。在医师的指导下，帮助孙辈适时开始功能锻炼和康复治疗，促进其血液循环，消除肿胀，减少肌萎缩，保持肌肉力量，促进骨折愈合，恢复患肢功能。

问题88　如何应对儿童触电

【招数】及时脱离电源，注意自身保护；若呼吸心跳停止应立即进行心肺复苏(CPR)；必须前往医院诊治。

【解招拆招】

3岁的菲菲拿着电水壶的插头去捅插座。结果噼里啪啦一阵响，一股电火花蹿了出来，瞬间就将菲菲的手电伤了，菲菲左手几个手指上的皮都破了，已经能看到鲜红的肉，奶奶赶紧将菲菲送到医院。医生为菲菲做了全身检查后，告诉家长：由于家里电压不是很高，菲菲的伤还算比较轻，定期换药就能够恢复了，如果是高压电，菲菲可能就没命了。

【专家点评】

严重的电损伤可导致截肢，直至死亡。儿童触电重在预防，预防儿童电损伤最好的办法是覆盖所有的插座，确保所有的电线合理绝缘，在具有潜在发生电损伤的地方玩耍时要精心看护。对浴室和浴盆周围的小电器要特别注意。

如果孙辈触电，应首先切断电源，一般拔掉插头或关掉开关即可将电源关闭。如果不能这样做，尝试移走明线，切记不能用裸露的手去接触明线，这样做可导致长辈们自己触电，可以用干燥的木棒、卷起的杂志和报纸、衣服或其他厚而干燥的绝缘体拉开电线。

如果上述两种方法均不可行，就尝试拉走孙辈，但是不要用裸露的手直接接触孙辈，以免电流传导给祖父母们，可以使用不导电的材料(例如橡胶或上面提到的物品)保护自己。注意，在电源没有切断时，所有的材料都不能保证绝对安全。

电流切断后，应立即观察孙辈的神志，如果孙辈神志不清，脉搏、呼吸停止，应立即进行心肺复苏(CPR)，同时让周围的人拨打120急救电话紧急求助。

问题89 如何应对儿童溺水

【招数】清除口鼻堵塞物，连续打击肩背部，排除呼吸道积水，进行心肺复苏（CPR）。

【解招拆招】

蔡蔡的奶奶在洗衣服，2岁的蔡蔡好奇地探头去看水池里养的乌龟，不料掉入水池中，奶奶见状，迅速把蔡蔡从水池中拉出，将蔡蔡头朝下，拍打蔡蔡背部，将蔡蔡呼吸道中的水排出。送往医院后，医生说，幸好发现及时，否则落水时间长，蔡蔡可能就有生命危险了。

【专家点评】

儿童溺水的原因是进入太深的水域或面部陷入水中，婴幼儿即使在十几厘米深的水中也会发生溺水。呼吸道吸入水导致窒息是溺水死亡的直接原因。

发现孙辈溺水，应争分夺秒将孙辈从水中救出。救出后观察他的神志、呼吸、心跳情况，如果孙辈神志清楚，有呼吸，则使孙辈头朝下，清除其口鼻腔中的堵塞物，用手掌（空心掌）迅速地连续叩击其背部、肩部，排出吸入的水。

如果从水中救出时孙辈已经停止呼吸、无心跳，应紧急进行心肺复苏（CPR），要分秒必争，千万不可只顾清除所吸入的水而延误恢复呼吸心跳的抢救，尤其是开始数分钟内，因为一旦呼吸、心跳停止，如得不到及时的抢救复苏，4～6分钟后会造成大脑和其他人体重要器官组织的不可逆损害。

问题90　如何应对儿童气管异物

【招数】避免用手指挖取、用食物咽压，科学利用海姆立克手法。

【解招拆招】

妈妈见3岁的柳柳自己大口吃着米饭，便鼓掌表扬："真棒。"一听夸奖，柳柳立马笑了，却没想，这一笑惹出了大事。突然他小脸憋得通红，猛烈地咳嗽起来，米饭喷射而出，柳柳呛到了，有米粒进入了气管，柳柳反复咳嗽。妈妈和奶奶赶紧将柳柳送到医院耳鼻喉科就诊，医生使用支气管镜取出了柳柳气管内的米粒。

【专家点评】

气管、支气管异物多发生在1～5岁幼儿身上。如果较大的异物阻塞气管，可能会发生窒息，导致死亡。

吸入异物后，如果孙辈咳嗽但可以呼吸和说话，祖父母们应鼓励孙辈咳嗽，将异物排出，不能用手指去除异物，也不可以用大块食物咽压，这有可能会将异物推得更深，造成气道完全梗阻。无论孙辈咳嗽是否好转，都应及时去医院就诊，以免延误病情。

如果孙辈不能呼吸，面色青紫，应立即在现场进行抢救，绝不能等待医生及其他人援助。气道完全梗阻2～3分钟，可能不会对身体造成长期损伤，但气道梗阻时间越长，大脑缺氧的时间就越长，发生脑损伤或死亡的危险性就越大。在抢救的同时，如有其他人在场，可请他们帮忙拨打120急救电话或求助医生。平时有一定学习意愿的祖父母们，可以通过视频等各种学习资源，掌握解除窒息的海姆立克手法，以备有人窒息时用于抢救。

孙辈7岁以前，尽量不要给孙辈必须经磨牙运动才能咀嚼的硬而光滑的食物，例如花生、樱桃、葡萄，将食物切成可以咀嚼的小块，鼓励孙辈吞咽前彻底嚼碎。要养成孙辈良好的饮食习惯，饮食时不要玩耍、打闹、走动，避免说话、大笑。对纽扣、硬币等一切直径小于3厘米的小物品要妥善收纳，防止儿童误食误吸。

问题91　如何应对大宝的"二宝情绪"

【招数】消解大宝的焦虑和不安全感是第一要务。

【解招拆招】

茜茜爸爸对她说妈妈怀孕了，家里又要多一个小宝宝了，家人聊天的时候也较多地围绕着即将到来的弟弟或妹妹。这让茜茜觉得爸爸妈妈不爱她了，于是情绪波动很大，有时候会突然发脾气，有时候又会情绪低落。外婆发现后，便带着茜茜去逛儿童乐园。当眼前出现二宝家庭时，外婆跟茜茜说："茜茜，你看那个小姐姐正在帮她的小妹妹擦嘴，小妹妹笑得多开心啊。""他们一家四口，爸爸拉着小姐姐，妈妈推着婴儿车，有说有笑的。"茜茜若有所思，问外婆："如果我有小妹妹，爸爸妈妈还会爱我吗？"外婆说："爸爸妈妈、爷爷奶奶、外公外婆都会像从前一样爱你呀。"

【专家点评】

对于年纪比较小的儿童来说，在无法完全理解弟弟妹妹的意义之前，他们有时候会对即将到来的家庭新成员有一些抵触情绪，认为这个孩子要“抢夺”他们的父母，还担心有了二宝之后，父母不会再爱自己。但限于年龄的原因，他们却很难准确表达他们的疑惑，通常会有明显的情绪反应。

面对这些情况，祖父母们最好避免对孙辈的“无理取闹”进行严肃处罚，消解他们的焦虑和不安全感才是第一要务。为了平复孙辈的嫉妒心和焦虑感，祖父母们不要在大宝面前经常强调即将出生的二宝，要多表达大宝的重要性，让大宝明白自己并没有失去家人的关心和宠爱，以帮助大宝平稳地度过焦虑期，并最终建立与二宝的情感连接。

问题92　如何应对大宝二宝的争宠

【招数】别比较，一碗水端平，布置团队任务。

【解招拆招】

明明家里最近多了一个小妹妹，一家人都围绕着刚出生十几天的妹妹转，这让明明很不自在，吵着不去上学，要和妈妈待在家里。甚至表现得十分“孩子气”，本来是自己吃饭的，也吵着让爷爷奶奶喂。还总盯着爸爸妈妈问：“我和妹妹，你们到底喜欢谁？”妈妈说：“当然两个都喜欢了。”“那如果非要只说一个呢？”明明不依不饶。爷爷知道明明是觉得自己被妹妹抢走了关爱才会这样，便机智地回答：“当然是你啦。因为我们才喜欢妹妹十几天，喜欢你已经7年了。当然，妹妹也很幸福，她一出生，就多一个亲哥哥喜欢呢。”

【专家点评】

儿童心理学家佩里·克拉斯(Perry Klass)说过：出于本能，孩子总是在寻找“谁是爸爸妈妈最喜欢的小孩”的证据。有了二孩后，相比原本只有一个孩子时，一个家庭的经济、精力、时间等分配到单个孩子身上变少了。所以在二孩家庭中，孩子们总会为了得到爸妈更多的爱、经济或时间方面的投入而表现出争宠的行为。以下三招可以帮助祖父母们处理大宝二宝的争宠行为：

(1) 尽量别比较两娃的优劣。如果大宝明显地感觉到自己的劣势，为了突出自己的存在感，可能会做出一些报复性行为，比如欺凌自己的手足，或偷偷剪坏爸爸的领带等。

(2) 尽量做到公平对待。天生有争宠需求的孩子，对长辈的偏心很敏感。若两娃发生了矛盾，要坚持“一碗水端平”，不要总是偏心小宝，不要认为哥哥姐姐就得理所当然地包容弟弟妹妹的缺点和错误，尽量避免说“因为你是大孩子了，所以你要让着弟弟妹妹”之类的话。

(3) 让两娃多做团队性的事情。比如一起收拾玩具，一起驱赶一只嘴馋的猫，一起取碗筷，一起参加接力赛跑，等等，这些“共同的目标”能帮助手足关系变得亲密。

问题93　如何处理孙辈被家暴的情况

【招数】先教育子女，再沟通孙辈。

【解招拆招】

外婆最近发现今年刚上初中的彤彤身上有一些青紫块儿，本以为是孩子自己不小心磕到碰到的，但是发生这种情况的次数多了以后，才发现是因为彤彤逃学而被妈妈打伤的。外婆虽然明白女儿对彤彤的高要求是出于深深的爱和期待，但仍然很严肃地告诫女儿："孩子的学习习惯不是打出来的。父母以为他们可以控制孩子，但孩子的青春期表现会让父母知道，他们没法控制孩子。父母可以控制的是自己的行为，你得跟你女儿道歉。"

【专家点评】

家庭暴力，除了一般的身体虐待以外，情感虐待、情感忽视和性虐待也属于其范畴，这些虐待不仅使儿童遭受严重的身体伤害，还会因此引发心理问题。

如果儿童经常做出非常离谱的事情，比如逃学，欺负别的孩子，故意对师长不敬或扰乱公共秩序，家长在对其做出处理前首先要理解其行为背后的动机。

重点不应该在惩罚他们，而是要弄明白他们为什么会这么做。他们是不是在抗议自己被剥夺了话语权？他们是不是想传达自己想受人欢迎的信息？他们也可能是在表达自己感觉无力或者力不从心？很多时候，家长跳过了沟通这个最重要的环节，直接开始惩罚孩子，这会给孩子造成更大的伤害。

祖父母们作为子女和孙辈之间沟通的桥梁，要先严肃地和子女讨论亲子教育的方式方法，再和孙辈沟通如何解决问题。在和孙辈讨论他的不良行为之前应该给他一个"冷静期"，避免情绪化地针锋相对的时刻，因为你没办法跟尖叫的孩子讲道理。在告诉孙辈不良行为的后果时，一定还要告诉他你希望他怎么做，要让做错事的孙辈相信采取弥补措施是有效的。

问题94 如何缓解父母不和对孙辈的影响

【招数】做家庭的调解员，更做孙辈的外交官。

【解招拆招】

浅浅的父母因为性格问题，常常在家里因为各种小事争吵，这导致浅浅的性格极其敏感，不爱说话也不愿表达自己，总担心自己哪一点做不好，又引起父母的争吵。学校开家长会，浅浅特别怕父母的不和关系被老师和同学们发现，经常请外婆外公去参加。一次，浅浅的父母假装恩爱去学校参加家长会，浅浅不但不领情，还觉得被羞辱了一般。渐渐地，浅浅的注意力变得不如以往集中，学习成绩明显下降。外公外婆看在眼里急在心里，在老师的建议下向心理咨询师求助。

【专家点评】

俗话说，父母是孩子的第一任老师，是孩子学习和模仿的主要对象。父母争吵，不仅会给孩子带来紧张、恐惧等心理影响，而且会导致孩子无法形成正确的人际观。他们从小就没有学会正确的交往技巧，自然就无法与他人建立起良好的亲密关系，很可能会在未来的人际交往和情感上不断受挫。

祖父母们作为大家庭中的长辈，在家中拥有一定的话语权，面对年轻父母的争吵，一方面要积极引导、调解，鼓励父母理性地表达自己的观点，同时向孙辈解释争吵的原因，避免孙辈因其父母吵架产生自责感或被忽视感。

祖父母们还可以充当孙辈的“外交官”，在了解孙辈的想法和需求后，帮助孙辈向其父母正告，使得孩子的声音也能被听见。

问题95　如何降低父母离异对孙辈的影响

【招数】消解孤单感，帮助孙辈理解父母的决定。

【解招拆招】

小明马上就要上初中了，但是他却因爸爸妈妈离婚而离开了原本熟悉的家，长期和爷爷奶奶住在一起。因为爷爷奶奶在经济方面有一部分靠姑姑的支援，小明每天只有等姑姑离开后，才敢大声跟爷爷奶奶说话。虽然爷爷事事护着小明，但小明经常表现出孤独落寞的神情。爷爷常常跟小明说："虽然爸爸妈妈分开了，但是他们仍然很爱你，你并没有失去他们。"父母离异的伤痛也许很难痊愈，但是爷爷奶奶的爱给了小明安全感。

【专家点评】

原生家庭的破碎对于孩子的影响有时会改变孩子的一生。他们常常会带有一种内疚感或自卑感，认为自己比其他孩子差。曾经有那么一双小手，努力地想去抓住两双大手，因为抓紧了就是幸福，可是，他怎么抓也抓不到了。

祖父母们除了可以把孙辈接到自己身边生活以外，还可以协调子女像过去一样关心孙辈，让孙辈感到父母只不过因他们个人原因不在一起继续生活罢了。当孙辈依旧感受到来自父母的关心和爱的情况下，再看到父母为自己人生负责的行为，这本身也是一种良好生活态度的示范，会使孙辈快速成熟。

如果观察到孙辈的行为举止受到的不良影响过大，建议祖父母们寻求更专业的帮助，比如寻求青少年心理老师的帮助。

问题96　如何让单亲家庭的孙辈快乐起来

【招数】用爱连接。

【解招拆招】

朵朵在父母离婚后，跟着妈妈搬回了外公外婆家。因为朵朵妈妈白天要工作，所以照顾朵朵的任务落在了外公外婆身上。外公外婆从未在朵朵面前因为她父母离婚而指责过任何人，而是花了很长时间慢慢向朵朵解释为什么爸爸妈妈要分开。最重要的是，外公外婆没有抹去朵朵生活中爸爸的存在，常常鼓励朵朵多与爸爸联系沟通。虽然生活在单亲家庭里，但是朵朵知道所有人都很爱她。

【专家点评】

现代社会单亲家庭越来越常见，有的孩子长期生活在单亲家庭里。单亲家庭的孩子常常与父母一方的关系密切，而与另一方的关系日渐疏远。因此，正确的引导和沟通对于孙辈的成长和教育至关重要。

作为孩子的祖辈，一方面可以在物质上、生活上给予孙辈家庭更多的帮助，毕竟单身父母一个人带孩子不是一件容易的事，祖父母们恰当的帮助无疑是雪中送炭。另一方面，祖父母们一定不要在孩子面前说另一方的坏话。因为在孩子心中，父母是其最早的榜样，抹黑他们的形象，就会模糊他们对人生楷模的正确理解。

当然，如果祖父母们能用自己的爱和幽默感化解孙辈生活中的孤单，让他们能继续生活在有爱的家庭氛围中，会更有利于孩子的身心健康发展。

问题97　如何进行重组家庭的孙辈教育

【招数】新旧家庭彼此尊重。

【解招拆招】

晶晶的爸爸重新结婚后，晶晶不仅有了新妈妈，还多了一个新弟弟。刚开始的时候，晶晶一直拒绝喊继母“妈妈”，并且经常在家里制造各种事端，爸爸只得暂时将他送到了爷爷奶奶家。爷爷奶奶常常邀请晶晶的新妈妈到家中做客，有时也会带着晶晶去和亲生母亲团聚。随着相互走动得多了，晶晶终于明白新妈妈并不会取代她亲生母亲的位置，她其实可以同时拥有两个妈妈。最终，晶晶回到了自己家，融入了自己的新家庭。

【专家点评】

对于成年人来说，再婚重组家庭是一件好事。但是对于儿童来说，这件事有太多难以理解和接受的地方，因此在再婚之前，建议长辈们一定要多和孩子沟通，重视他们的想法。

祖父母们在这一情况中，可以承担避风港和润滑剂的角色。在孙辈暂时难以接受新家庭和新家庭成员的时候，为他们提供心理过渡期支撑，一慢二看三接触，一步步消解孩子的抵触情绪，帮助他们顺利度过接纳新家庭的困难期。

同时，祖父母们还可以创造各种机会，让孙辈继续保持和原生父母之间的联系，鼓励两个家庭之间恰当的互动，毕竟孙辈获得的情感支持越多，就会越发自信。

问题98　如何进行孙辈的性别教育

【招数】科学理性，坦然面对，主动帮助孙辈认识性别差异。

【解招拆招】

天天的父母因为工作繁忙，平时大部分时间都让爷爷奶奶帮助照顾他。但是爷爷奶奶更多关心的是天天有没有吃饱、穿暖之类的事情，虽然也常常和天天说一些重要的生活常识，但是从没有涉及儿童性知识。一天，老师告知，刚上幼儿园的天天不仅跟着女同学跑进了女厕所，还喜欢摸女同学的裙子。知道这个情况后，爷爷奶奶蒙了，赶紧买来儿童性教育绘本一起看。从精子卵子结合，到婴儿出生，再到男孩女孩的穿着，绘本中有详尽图解，天天都看明白了。

【专家点评】

孩子3岁时正是性别意识形成期，按照弗洛伊德的人格发展理论，3~6岁的儿童也正处于“性好奇”期。他们常常对性充满了好奇，甚至出现一些“奇怪”的行为，比如对性器官产生好奇心等。

性启蒙是儿童成长过程中不可或缺的组成部分。性启蒙教育故事绘本通过可爱的人物、生动的对话，风趣幽默的故事，巧妙地回答了那些让祖父母们感到尴尬的问题。

性教育的关键不仅在于传递科学、正确的性知识和价值观，还要根据孩子的年龄段把握讲解内容的量和度。

对于3~6岁的孙辈，需要帮助他们认同并悦纳自己的性别，知道男女小朋友之间存在差异，并教会他们保护自己和别人的隐私，鼓励他们与同龄的同性和异性小朋友自然健康地一起游戏玩耍。

问题99　如何进行孙辈性安全教育

【招数】提前教育,做好预防,帮助孩子学会保护自己。

【解招拆招】

红红的爷爷奶奶最近看到有新闻报道关于幼儿被性侵的事件,对于自己孙女的性安全问题充满了担忧。但是红红的爸爸妈妈在外地工作无法直接帮忙,无奈之下,奶奶向幼儿园的吴老师求助。吴老师听了后,详尽地向她介绍了幼儿园的性安全教育课内容,还推荐了《不要随便摸我》等读物。奶奶回到家,和红红一起仔细阅读,红红知道了人身体上的有些部位是隐私部位,无论谁都不能摸。

【专家点评】

儿童性教育的重要性已经为大家所重视,关键是如何让孙辈理解身体的特殊性,以及如何进行自我保护。

祖父母们也要承担对孙辈进行性安全教育的义务。首先,祖父母们可以提前借助一些专业的书籍了解儿童性安全教育的内容和技巧。在教育方法上推荐浸润式教育,也就是借助孩子看动画片、看绘本、提问、讲故事等任何契机,把相关的知识和方法告诉孩子。

当然,陪孩子一起玩、一起阅读的时候也是教育的好机会。有条件的祖父母们可以与孙辈一起学习“孩子是如何出生的”“男孩和女孩的身体有哪些不同”“身体的哪里不能乱摸”等基本常识。

一定要告诉孙辈:如果有人想触碰你的身体或想脱光你的衣服,让你感到危险时,一定要大声说“不!”;当有人强迫你看他的身体时,一定要大声说“不要!”,同时赶紧跑开,并大声呼救。

问题100　如何让孙辈正确认识"死亡现象"

【招数】教会孩子化解悲伤，学会告别，正视死亡。

【解招拆招】

一直和平平关系很好的大伯因为意外而去世，平平的爷爷奶奶因为要不要带平平去参加葬礼这件事起了争执。爷爷认为大伯以往那么疼爱平平，现在大伯去世，平平应该要去告别；但奶奶却担心平平太小，不能承受这种痛苦，拒绝带平平去参加葬礼。一番僵持之后，爷爷奶奶决定先和平平解释什么叫作"死亡"，看平平的反应后再决定要不要去。听了爷爷的一番讲解后，平平希望能参加大伯的葬礼，和大伯亲自告别。

【专家点评】

许多家长一直竭力避免和孩子谈死亡这个话题，但是对于孩子来说，生命的起源和结束都是他们在成长路上必须学会的知识。让孩子理解死亡，对于长辈们来说有点过于沉重，但这种对悲伤的接触，却是孩子学习成长的重要一环。

为幼儿讲解死亡，需要了解他们的认知特点。一般来讲，3岁前的小朋友还无法分辨"死亡"与"分离"的差别，但是常会对逝者产生强烈的分离焦虑感；3～6岁的小朋友对死亡的认识有一定的幻想性思考，比如认为死亡是可逆的。

对于年幼的孩子来说，开展相关死亡的教育，是要让孩子认识到死亡是件很自然的事情，但有时死亡也有可能会突然发生。更重要的是，长辈们要利用这个机会对孩子进行生命教育，让他们懂得要珍爱生命、尊重生命。

对于死亡的教育不能单方面推动，一定要根据孙辈的理解水平和成熟程度来决定。如果孙辈非常恐惧和焦虑，则祖父母们不可操之过急，可以慢慢引导。如果孙辈已经能控制自己的情绪并有想要了解的意向，那么祖父母们就可以多与孙辈聊一聊这个话题。让孙辈更好地了解死亡，他才会知道生命的可贵。

目前,死亡教育在我国仍是一株成长中的稚苗,对于开展死亡教育,往往是家长反对、学校无奈。

台湾高雄师范大学张淑美博士曾针对“如何处理儿童对死亡的疑惑”提出“五诫”:

(1) 勿说死者只是睡着了——因为睡着了通常会醒来,以死者安睡的说法来安慰儿童,易使他们不是一直在“期待”死者“醒”来,就是害怕自己会不会睡着了就是“死”了。

(2) 勿说死者并没有真正死了——儿童不太能理解抽象的比喻或安慰之词,应告知其事实,以免他们更愤恨或怀疑亲爱的家人没有真正地死,却为何不回来看他。

(3) 勿说死者是去旅行了——旅行是会回家的,这种安慰容易使儿童愤恨死者为什么不告而别,一去不返。

(4) 勿说死者是被某人带走了——此说易使儿童视某人为敌人。

(5) 勿以“上天堂”或“下地狱”来比喻死亡——此说易使儿童纳闷,究竟挚爱的亲人是到天堂享乐,还是下地狱受苦了？若自己不是一个“乖孩子”,是否将来会下地狱？儿童可能会因此被担心、恐惧所扰。

结束语

一百个场景，一百个问题，一百个招数，在经过全方位的场景解析后，我们会发现仍有许多隔代教育问题本书没有提及。这就像家庭教育本身——无论身为家长的我们事先做了多么充足的准备，在育儿过程中总会遇到一些令我们措手不及的意外。隔代教育中的问题层出不穷，即便当下的我们面面俱到，拥有十八般“武艺”，但是随着社会的不断发展，新的问题总会出现。但只要是教育问题，核心永远都离不开“爱”。即便常常被抱怨，被指责，被曲解，祖辈们对于儿女孙辈的爱也丝毫不会减损，正是这个质朴的出发点使得隔代教育中所出现的种种问题都会有解决方案。

当然，祖辈们也无需过于担心自己的表现是否“合格”，虽然长时间的相处让爷爷奶奶们深感教育责任重大，但是在家庭教育中，“父母”的角色永远无法取代。在学会“如何握紧孩子的手”“如何握好孩子的手”之后，祖辈们也要试着学会“如何放下孩子的手”，让父母成为孩子成长教育路上的主导者，让孙辈在成长之路上独立前行。把爱化成默默守候，找寻晚年生活的更多美好，与孙辈一起绽放生命的光彩！这才是本书编者们最大的心愿。

本书的编者均来自中国科学技术大学的孔燕教授团队。他们有的初为父母，有的还是祖辈眼中的孙儿，有的兼具教师、医护身份，但他们对教育的理解有着超前的敏锐。感谢他们带来不一样的孙辈教养视角。他们是：彭欢欢、朱芬、丁飞、李玉玲、李丹阳、陈玲、郑心、李敏、彭玥、涂盛雪、谢宇、陈昌霞、王斌。其中，彭欢欢从大纲的拟定到文字的梳理，协助孔燕做了很多工作。朱芬在条目布局上给了很好的建议。值得一提的还有插画者,是一位大学在读的本科生李沛鸣,在山东大学计算机科学与技术学院就读的她,画风淳朴,画龙点睛,为本书增色不少。全书由孔燕统稿。本书参考了相关教材、研究论文及网络资料,在这里对其作者一并表示感谢。

教育的本质,就是“看见”人:看见他的闪光点,看出他的与众不同,挖掘他的潜能,释放他的光芒;就是用一棵树摇动另一棵树,用一朵云推动另一朵云,用一个灵魂唤醒另一个灵魂。

愿你我都有长久的温柔,去做孩子成长路上的支持者和守护者。

孔　燕

2021年1月

于中国科学技术大学